Claire Reich

SINGEN
leicht gemacht

Impressum

Titel

Singen leicht gemacht

Mit einfachen Übungen singend durch das Grundschuljahr

Autorin

Claire Reich

Umschlagmotiv

Katze und Vogel: © worldofvector – stock.adobe.com

Noten: © Miceking – stock.adobe.com

Illustrationen im Innenteil

Rahmenelement – Noten: © Miceking – stock.adobe.com

Alle übrigen: © worldofvector – stock.adobe.com

Druck

Heenemann GmbH & Co. KG, Berlin, DE

Verlag an der Ruhr

Mülheim an der Ruhr

www.verlagruhr.de

Geeignet für die Klassen 1–4

ISBN 978-3-8346-4295-0

Inhaltsverzeichnis

Hinweise zum Einsatz des Buches

Die Stimme ist das erste Instrument, das uns Menschen zur Verfügung steht. Noch bevor Babys ihren Körper kennenlernen, erforschen sie ihre Stimme, produzieren Laute und Klänge, testen Lautstärken und Tonhöhen und erfreuen sich an den neuen Möglichkeiten. Als Erwachsene können wir hören und sehen, wie viel Spaß sie dabei empfinden. Auch im Kleinkindalter werden die Fähigkeiten weiter ausdifferenziert. Kinder ahmen nach, verstellen ihre Stimme, begleiten ihre Bewegungen mit Geräuschen oder erfinden Melodien, während sie spielen oder beobachten.
Als Pädagog*innen müssen wir leider mit Erschrecken feststellen, dass diese Unbefangenheit im Laufe der Zeit nachlässt. Geprägt durch Talentshows in den Medien, in denen Juror*innen entscheiden, was als „gut" und als „schlecht" angesehen wird, und durch eine Gesellschaft, die auf Leistung und Perfektion getrimmt ist, verlieren wir die Lust am Ausprobieren. Nicht mehr der Vorgang selbst, sondern das Ergebnis ist entscheidend. So ist es keine Seltenheit, dass viele Erwachsene der Meinung sind, sie wären unmusikalisch und könnten nicht singen.
Doch wenn wir Kinder beobachten, können wir feststellen, dass die Fähigkeit, mit der Stimme zu explorieren, in jedem Menschen elementar veranlagt ist. Sie machen sich keine Gedanken über Bewertungen. Für sie ist das Spiel mit der Stimme ein Erproben ihrer Ausdrucksmöglichkeiten, die keine Grenzen kennen. Kindern geht es nicht um „das Gefallen", sondern um Freude am Lernen und an der Vielfalt.

In diesem Buch möchten wir diese Neugier bewahren und Kindern im Grundschulalter einen Raum für den spielerischen Umgang mit ihrer Stimme und dem Singen geben. Das Praxisbuch richtet sich an fachfremd Unterrichtende an Grundschulen, aber auch an musikalische Fachkräfte. Das Buch orientiert sich in seinen Themen am Jahreskreis und bietet somit ein vielfältiges Repertoire für das Schuljahr. Es soll als Ideengeber verstanden werden, der individuell erweitert werden kann. Ideen der Kinder können immer mit einbezogen werden und der Spaß und die Freude sollen im Vordergrund stehen.

Der Verlag an der Ruhr legt großen Wert auf eine geschlechtergerechte und inklusive Sprache. Daher nutzen wir bevorzugt das Gendersternchen, um sowohl männliche und weibliche als auch nichtbinäre Geschlechtsidentitäten einzuschließen. Alternativ verwenden wir neutrale Formulierungen.
In Texten für Schüler*innen finden sich aus didaktischen Gründen neutrale Begriffe bzw. Doppelformen.

Beim Singen fungiert unser gesamter Körper als Resonator. In diesem Buch bekommen Sie daher zusätzlich zu stimmlichen Übungen auch Ideen zur Körperwahrnehmung und -aktivierung. Auch kindgerechte Atemübungen sind enthalten.

Zu jedem Thema gibt es folgende Bereiche:

- Entspannungs- und Körperwahrnehmungsübungen
- Atemübungen
- Aufwärm- und Lockerungsübungen
- Stimmspiele
- Singen

Dieser Aufbau fördert intuitiv einen gesunden Umgang mit der Stimme als Ausdrucksmittel und Instrument und soll als Baukastensystem verstanden werden.
Je nachdem, ob Sie eine Übung länger oder kürzer gestalten, können Sie in einer Unterrichtsstunde alle Bereiche abdecken oder ein Thema über mehrere Stunden aufbauen. Sie können auch in anderen Unterrichtsstunden einzelne Übungen verwenden, um Entspannung oder neue Konzentration zu schaffen.

Für das Singen der Lieder müssen Sie keine Noten lesen können. Wir haben hauptsächlich traditionelles oder bekanntes Liedgut verwendet und zum Teil durch neue Texte an die Altersgruppe angepasst.

Die Stimme als Instrument

Ursprünglich war der Kehlkopf gar nicht für das Singen oder Sprechen vorgesehen. Er diente vorerst nur dazu, die Atmung und den Schluckvorgang zu organisieren. Im Laufe der Zeit senkte sich der Kehlkopf ab, sodass Laute erzeugt werden konnten.

Der Vorgang des Singens an sich ist bei allen Menschen gleich. Beim Ausatmen werden durch einen Unterdruck die Stimmlippen im Kehlkopf in Schwingung gebracht und erzeugen so einen Ton. Dieser Ton würde bei allen Menschen auch gleich klingen. Erst durch individuelle Merkmale, wie Zahnstellung, Zungengröße oder Größe des Mund- und Rachenraums beispielsweise, entsteht bei jedem ein eigener, einzigartiger Klang.
Probieren Sie doch mit Ihrer Klasse aus, wie Sie Ihren Klang beeinflussen können. Hören Sie, wie es klingt, wenn Sie die Unterlippe vorschieben, die Zunge herausstrecken oder den Mund weit aufreißen. Spaß ist bei dieser Übung auf jeden Fall garantiert!

Nicht von ungefähr kommt der Ausspruch „Die Stimme ist der Spiegel der Seele". In unserer Stimme ist unser emotionaler Zustand hörbar. Sind wir traurig, klingt unsere Stimme gebrochen und schwach. Freuen wir uns oder sind wütend, kann unsere Stimme Extreme in Höhe und Lautstärke aushalten, die uns manchmal selbst überraschen. Auch Charaktereigenschaften werden in der Stimme übertragen. Ein selbstbewusster Mensch klingt z. B. ruhiger und selbstsicherer als ein schüchterner. Für professionelle Sänger*innen ist das Arbeiten an ihrem Stimmklang daher oft auch eine Auseinandersetzung mit ihrer Persönlichkeit.

Die Atmung ist die Grundlage für die Tonerzeugung. Je nachdem, ob Sie viel oder wenig Luft verwenden, kann ein Ton länger oder kürzer ausgehalten werden. Durch Dosierung kann der Ton voller oder gehauchter klingen. Daher sind gezielte Atemübungen Bestandteil jedes professionellen Gesangsunterrichts. Außerdem kann tiefes Ein- und Ausatmen beruhigen, Stress und Nervosität abbauen und die Muskeln entspannen.

Alle diese Einflüsse sind Teil des Singvorgangs.
In diesem Buch geben wir Ihnen und Ihrer Klasse daher intuitive, altersgerechte und spielerische Übungen für die Auseinandersetzung mit der Atmung und dem individuellen Stimmklang an die Hand. Innerhalb der Spielthemen werden die Kinder außerdem in eine Stimmung hineinversetzt und emotional angesprochen.

Besonderheiten der Kinderstimme

Im Gegensatz zu denen eines*einer Erwachsenen sind die Stimmlippen eines Kindes noch nicht ausgewachsen und daher deutlich kürzer. Die Länge und Dicke der Stimmlippen bestimmt, ob unsere Stimme hoch oder tief klingt. Als Beispiel eignet sich der Vergleich von Gitarre und Ukulele. Die Ukulele hat kürzere und dünnere Saiten und klingt daher höher. Auf der Gitarre können durch längere und dickere Saiten viel tiefere Töne angeschlagen werden. Würde man versuchen, solche Töne auf der Ukulele zu erzeugen, würden die Saiten wahrscheinlich ausleiern oder gar nicht mehr klingen.

Durch die Anatomie ihrer Stimmlippen ist es Kindern daher noch nicht möglich, in tiefen Lagen zu singen. Es ist ratsam, beim Singen mit Grundschulkindern einen Bereich aus der Kinderstimmlage von etwa a0 bis a2 zu wählen.

Die Stimme von Kindern klingt außerdem meist noch „kopfiger“ als bei Erwachsenen. Das liegt daran, dass der Kopf bei Kindern im Gegensatz zum Rest des Körpers viel langsamer wächst. Das Verhältnis von Kopf zu Rumpf liegt bei Kindern im Grundschulalter bei etwa 1:4, bei einem*einer Erwachsenen zwischen 1:7 und 1:9. Kinder nutzen daher, physiologisch bedingt, die Klangräume des Kopfes mehr als die des restlichen Körpers. Dies hat zur Folge, dass wir Kinderstimmen noch als „körperloser“ wahrnehmen.

Beim Singen sind eine Reihe von Muskeln beteiligt. Diese sollten vor dem eigentlichen Singen mit leichten Übungen „aufgewärmt“ werden. Man kann sich das ähnlich wie bei einem*einer Sportler*in vorstellen.
Wir haben Ihnen in diesem Buch in der Rubrik „Stimmspiele“ einige Übungen so verpackt, dass sie für die Kinder gut umsetzbar sind und wie ein Teil des Spiels erscheinen. So kehrt keine Langeweile ein und Ihre Klasse ist nach der Übung gut vorbereitet auf das Singen der Lieder.

Einfache Übungen für die Lehrperson zum Singen in der „hohen Lage"

Für viele Erwachsene ist das Singen in der „hohen Lage" eine Herausforderung. Sätze wie „Das ist viel zu hoch!" und „So hoch komme ich nicht!" sind keine Seltenheit. Dabei benötigt es meist nur etwas Übung und Vertrauen.
Vor allem unsere Gedanken spielen uns hier einen Streich. Wie bereits oben erwähnt, spiegelt unsere Stimme unseren emotionalen Zustand wider. Gehe ich nun bereits mit ängstlichen Gedanken an das Singen von hohen Tönen heran, wird diese Angst in meiner Stimme zu hören sein. Der Klang ist wahrscheinlich dünn und brüchig.
Versuche ich stattdessen, an etwas anderes zu denken, z. B. daran, wie ich der Nachbarin über die Straße hinweg ein freundliches „Huhu" zurufe, klingt meine Stimme wahrscheinlich voll und klar.
Hier haben wir Ihnen ein paar einfache Übungen zusammengestellt, um Ihnen die Scheu vor der „hohen Lage" zu nehmen.

Übung 1:
Glissando-Übungen eignen sich wunderbar, um die Stimmbänder sanft „aufzuwärmen". Glissando bedeutet, dass Sie mit Ihrer Stimme von einem hohen zu einem tiefen Ton gleiten oder umgekehrt.

So geht's:
- Suchen Sie sich einen möglichst hohen Ton aus.
- Stellen Sie sich vor, von diesem Ton aus gäbe es eine Rutschbahn nach unten und Sie würden diese mit Ihrer Stimme herunterrutschen.
- Führen Sie den Rutschvorgang auf „Juuuu", „Joooo" und „Jaaaa" aus.
- Stellen Sie sich nun vor, Sie würden einen Aufschlag mit einem Federball von unten nach oben vornehmen.
- Begleiten Sie den Aufschlag und den Flug wieder mit Ihrer Stimme auf „Juuuu", „Joooo" und „Jaaaa". Führen Sie diesmal allerdings die Stimme von einem tiefen zu einem hohen Ton.

Übung 2:
Sich in eine andere Rolle hineinzuversetzen, kann helfen, die Angst vor hohen Tönen zu mindern.

So geht's:

- Stellen Sie sich den Nachbarn oder die Nachbarin auf der anderen Straßenseite vor.
- Rufen Sie ihm*ihr nun auf „Huhu!" und „Hallo!" zu.
- Versetzen Sie sich dabei in die Rolle der affektierten „Tante Gertrudlinde", die in ihrer Freizeit in einer Laienoper singt und mit ihrer hohen und quietschigen Stimme den neuesten Klatsch und Tratsch zu erzählen hat.
- Übertreiben Sie ruhig und probieren Sie verschiedene Tonhöhen aus.
- Sie werden merken, wie Ihnen die „hohe Lage" in dieser Rolle gar nicht mehr so schwer fällt.

Übung 3:

- Stellen Sie sich vor, Sie wären ein kleiner Hundewelpe.
- Üben Sie nun ein hohes Hundefiepen mit geschlossenem Mund auf „Mm".
- Öffnen Sie nun den Mund und kommen Sie aus dem Fiepen heraus, sodass ein „Mmjaaa" entsteht. Probieren Sie hier verschiedene Tonhöhen und testen Sie auch Extreme aus.
- Durch das Fiepen werden Sie problemlos in höhere Lagen kommen.

Übung 4:
Material kann dabei helfen, Ablenkung zu schaffen. Nehmen Sie für die folgende Übung ein Chiffontuch her.

So geht's:

- Werfen Sie das Chiffontuch in die Luft. Nehmen Sie die Stimme von unten nach oben auf „Wwwww" mit und öffnen Sie oben in ein „Uuuuu". Begleiten Sie so das Herabgleiten des Tuches, indem Sie die Stimme wieder mit nach unten nehmen.
- Probieren Sie diese Übung auch auf „WWWWoooo", „WWWWaaaa", „LLLLuuuu", LLLLoooo" und „LLLLaaaa".

Übung 5:
Denken Sie hohe Töne nicht nach oben, sondern nach unten oder in die Ferne. Meist nehmen wir zum Singen von hohen Tönen den Kopf mit nach oben und überstrecken so den Hals. Dadurch verkleinern wir allerdings den Raum, den der Ton zum Klingen benötigt. Besser ist es, den Kopf leicht nach unten zu neigen und sich den Ton nach vorn und unten vorzustellen.

So geht's:

- Stellen Sie sich vor, Sie hätten eine Schaumstoffmatte vor sich liegen, die bis zur Ihrem Bauchnabel reicht.
- Singen Sie nun einen hohen Ton auf „Nuuuu" und halten Sie den Ton. Drücken Sie dabei mit beiden Händen die imaginäre Schaumstoffmatte nach unten. Eventuell hilft es dabei, leicht in die Knie zu gehen.

Wichtiges für den Unterricht

Rituale

Als Erwachsene neigen wir dazu, ständige Abwechslung zu brauchen. Für Kinder ist Wiederholung allerdings ein wichtiger Bestandteil ihres Lernvorgangs und dient zur Orientierung. Die Übungen in den einzelnen Bereichen besitzen daher einen Wiederholungscharakter, der an die einzelnen Themen angepasst wurde.
Um einen klaren Rahmen zu schaffen, ist es sinnvoll, Stunden immer ähnlich aufzubauen. Als Begrüßungsritual können Sie beispielsweise mit den Übungen aus dem Bereich „Entspannungs- und Körperwahrnehmungsübungen" in die Stunde einführen und diese am Ende als Abschlussritual noch einmal kurz wiederholen. Scheuen Sie sich nicht davor, in einer Folgestunde einzelne Aufgaben zu wiederholen. Kinder lieben es, Bekanntes zu vertiefen. Oft fordern sie Wiederholungen sogar selbst ein.

Das Call-and-Response-Verfahren

Zum Erarbeiten von neuen Liedern und Liedtexten eignet sich das Call-and-Response-Verfahren (Vor- und Nachsprechen/-singen). Sie können Textteile, aber auch Melodiephrasen vor- und nachsprechen bzw. -singen lassen. Achten Sie aber darauf, dass die Kinder zuhören, wenn Sie vorsprechen bzw. -singen, und dass danach eine kurze Pause erfolgt. So kann das Gehörte vom Gehirn verarbeitet werden. Hierbei ist es sinnvoll, sich klare Zeichen zu überlegen. Zeigen Sie beispielsweise mit beiden Händen auf sich, bedeutet dies, dass Sie singen/sprechen und die Kinder zuhören. Zeigen Sie mit beiden Händen offen in die Klasse, singt/spricht die Klasse nach.
Dieser Vorgang benötigt etwas Übung. Wenn Sie aber gleich zu Beginn die Regeln klar formulieren und darauf achten, dass diese eingehalten werden, werden Sie schnell Fortschritte erzielen.

Frühling

Wetter

Entspannungs- und Körperwahrnehmungsübung: **Wetter erspüren**

Material:

- 4 Karten mit Wettersymbolen für Regen, Sonne, Wind und Schnee (S. 20)
- Wattebälle für die Hälfte der Schüler*innen
- Sitzkissen oder Stühle

So geht's:

1. Holen Sie gemeinsam mit den Schüler*innen die Sitzkissen oder Stühle und bilden Sie einen Kreis.
2. Teilen Sie die Klasse in 2er-Gruppen ein.
3. Partner*in A setzt sich auf das Kissen/den Stuhl, Partner*in B setzt sich hinter Partner*in A. So entstehen ein Außen- und ein Innenkreis.
4. Die Schüler*innen des Außenkreises setzen nun Bewegungen zu den Wetterkarten auf den Rücken ihrer Partner*innen im Innenkreis um.
5. Erklären Sie folgende Bewegungen zu den Wetterkarten:
   - **Regen:** leichtes Tippen mit den Fingerspitzen
   - **Sonne:** sanftes Reiben des Rückens, sodass eine angenehme Wärme entsteht
   - **Wind:** Anpusten des Rückens
   - **Schnee:** leichtes Tippen mit dem Watteball
6. Verteilen Sie die Wattebälle an die Schüler*innen des Außenkreises.
7. Die Schüler*innen des Innenkreises schließen die Augen.
8. Halten Sie nun nacheinander drei verschiedene Wetterkarten hoch. Jede Wetterkarte wird erst von den Schüler*innen umgesetzt, bevor Sie die nächste hochhalten.
9. Die Kinder im Innenkreis konzentrieren sich mit geschlossenen Augen auf das Erspüren der Bewegungen.
10. Fragen Sie nach drei umgesetzten Karten die Schüler*innen des Innenkreises, welche Bewegungen sie erspürt haben und in welcher Reihenfolge.
11. Nun tauschen die Partner*innen ihre Plätze und die Übung wird wiederholt.

Atemübung:
Wind und Bäume

So geht's:

1. Teilen Sie die Klasse in 2er-Gruppen ein.
2. Die Schüler*innen der Gruppe A stellen sich, wie Bäume, mit ausgestreckten Armen im Raum auf.
3. Die Schüler*innen der Gruppe B stellen den Wind dar. Sie laufen zwischen den Bäumen umher und pusten auf „Fffff" die Bäume an. Hier können verschiedene Windstärken ausprobiert werden.
4. Nun werden die Gruppen getauscht und die Übung wird erneut ausgeführt.

Aufwärm- und Lockerungsübung:
Wetter in Bewegung

Material:

- 4 Karten mit Wettersymbolen für Regen, Sonne, Wind und Schnee (S. 20)
- Instrument für ein Klangsignal, z. B. Triangel, Klangschale, klingender Stab …

So geht's:

1. Erklären Sie der Klasse nun folgende Bewegungen zu den Karten:
   - **Regen:** Alle Kinder bleiben blitzartig stehen und beginnen, leicht mit den Füßen zu trampeln. Das Trampeln soll sich wie Regentropfen anhören.
   - **Sonne:** Die Kinder finden sich schnell in 2er-Gruppen zusammen und reiben ihre Rücken aneinander.
   - **Wind:** Alle Kinder wirbeln wild im Raum umher.
   - **Schnee:** Alle Kinder schweben sanft auf Zehenspitzen durch den Raum.
2. Die Schüler*innen spannen nun einen imaginären Regenschirm auf und bewegen sich durch den Raum.
3. Halten Sie nach einiger Zeit eine der Wetterkarten hoch. Die Schüler*innen setzen die passende Bewegung um.
4. Geben Sie ein Klangsignal (z. B. mit einer Triangel oder Klangschale). Das Signal zeigt den Schüler*innen an, erneut mit dem imaginären Regenschirm weiterzulaufen.

5. Nun kann ein Kind eine weitere Wetterkarte aufzeigen und dann das Klangsignal zum Weiterlaufen geben.
6. Führen Sie so die Aufgabe mehrmals durch.

Stimmspiel:
Wind und Regen

Material:

- 2 Karten mit Wettersymbolen: Regen und Wind (S. 20)

So geht's:

1. Erklären Sie, dass die beiden Wetterkarten „Wind" und „Regen" mit Stimmgeräuschen dargestellt werden:
   - **Wind:** „Schhh" (Lippen machen eine Schnute)
   - **Regen:** „Plopp"
2. Teilen Sie die Klasse in eine Wind- und eine Regengruppe ein.
3. Die Gruppen setzen oder stellen sich einander gegenüber.
4. Halten Sie nun eine der Wetterkarten hoch. Die jeweilige Gruppe setzt diese mit dem passenden Stimmgeräusch um.
5. Halten Sie die andere Wetterkarte hoch. Nun reagiert die andere Gruppe mit ihrem Stimmgeräusch.
6. Variieren Sie die Lautstärke, je nachdem, ob Sie die Karte hoch (laut) oder tief (leise) halten.
7. Nach einigen Durchgängen werden die Gruppen gewechselt.
8. Auch einige Schüler*innen können das „Dirigieren" mit den Karten übernehmen.

Singen:
Regenlied

So geht's:

1. Sprechen Sie im Sitzkreis den Text vor, die Kinder wiederholen. Führen Sie zum Text folgende Bewegungen ein:
   Zeile 1: im Grundschlag mit dem Zeigefinger an den Kopf tippen
   Zeile 2: im Grundschlag mit den Füßen stampfen
   Zeile 3: an den vorgegebenen Stellen klatschen
2. Singen Sie nun gemeinsam die Melodie mit den Bewegungen.
3. Bilden Sie drei Gruppen. Gruppe A singt die erste Zeile mit Bewegung, direkt danach Gruppe B die zweite Zeile, danach Gruppe C die dritte Zeile. Üben Sie dies einige Male.
4. Bauen Sie einen Schein-Kanon auf. Gruppe A singt ihre Zeile und wiederholt diese stetig. Danach folgen die Gruppen B und C, die ebenfalls ihre Zeile singen, bis Sie ein Ende anzeigen.
5. Nun können die Gruppen getauscht werden.

Wir denken nicht daran

Melodie: Meyerholz, Ulrike
Text (OT): Meyerholz, Bernd
© Rechte beim Urheber

Singen:
Nicht schon wieder

So geht's:

1. Erarbeiten Sie den Text, indem Sie jede Zeile einzeln vorsprechen und die Klasse nachsprechen lassen.
2. Erarbeiten Sie nun die angegebenen Handgesten zum Lied.
3. Singen Sie das Lied mehrmals durch und nehmen Sie dann die Handgesten dazu. Beziehen Sie auch die Ideen der Kinder in die Gestaltung mit ein.

Tipp: Ein Playback oder eine Karaokeversion des Liedes kann hilfreich sein.

Nicht schon wieder

nach der Melodie von „Mamma Mia" (ABBA)
Text: Claire Reich

Es ist wieder April und der macht, was er will.
Hände fragend zu beiden Seiten wegstrecken
(Ba, ba, ba, ba, ba, ba; Ba, ba, ba, ba, ba, ba)
Auf die Knie dazu patschen
Dieses Hin und Her wird uns langsam zu viel!
Mit ausgestrecktem Zeigefinger rhythmisch von rechts nach links winken
(Ba, ba, ba, ba, ba, ba; Ba, ba, ba, ba, ba, ba)
Auf die Knie dazu patschen

Mal kannst du sehn, wie die Sonne scheint,
Mit beiden Händen eine Sonne in die Luft malen
dann klopfen Schnee, Eis und Regen an unsre Tür
Mit den Fingerspitzen Regentropfen in der Luft andeuten
und die Kälte ist wieder hier.
Hände gekreuzt auf die Schultern legen und reiben

Jetzt ist Schluss! Wir wollen die Sonne sehn!
3-mal zum Rhythmus klatschen, Hände mit gespreizten Fingern in die Luft strecken
Regenguss, du kannst jetzt schnell wieder gehn. Ohohohoh.
3-mal zum Rhythmus klatschen, wegwerfende Geste machen

Refrain:
Nicht schon wieder Regen, Eis und Schnee.
Den rechten Zeigefinger verneinend hin- und herbewegen
Nein, nein! Wir wollen nur Sonne!
Den linken Zeigefinger verneinend hin- und herbewegen
Nicht schon wieder Regen, Eis und Schnee.
Den rechten Zeigefinger verneinend hin- und herbewegen
Nein, nein! Wir wollen nur Sonne!
Den linken Zeigefinger verneinend hin- und herbewegen

Wir wollen Fahrrad fahren,
Hände gegenläufig wie das Rad eines Fahrrads bewegen
Eis essen, Sonnenbaden.
Eis essen andeuten, Hände ausstrecken, Gesicht zum Himmel strecken
Warum kann es nicht schon Sommer sein?
2-mal im Rhythmus aufstampfen, Hände mit geballten Fäusten in die Luft strecken
Nicht schon wieder Regen, Eis und Schnee.
Den rechten Zeigefinger verneinend hin- und herbewegen
Nein, nein! Wir wollen die Sonne sehn!
Den linken Zeigefinger verneinend hin- und herbewegen, die Hände mit ausgestreckten Fingern wie Sonnenstrahlen in die Luft strecken

Wettersymbole

© Anja Boretzki

© Anja Boretzki

© Anja Boretzki

© Anja Boretzki

Blumen

Entspannungs- und Körperwahrnehmungsübung: **Blumenwiese**

Material:
- Fühlsäckchen mit Blumenzwiebel darin
- Triangel oder klingender Stab o. Ä.
- farbiges Chiffontuch für jedes Kind

So geht's:
1. Bilden Sie mit der Klasse einen Sitzkreis.
2. Geben Sie das Fühlsäckchen mit der Blumenzwiebel einmal im Kreis herum.
3. Fragen Sie die Klasse, was sich im Fühlsäckchen befindet.
4. Lösen Sie auf, indem Sie die Zwiebel aus dem Säckchen nehmen und vorsichtig erneut herumgeben.
5. Thematisieren Sie mit der Klasse, welche Blume aus der Zwiebel erwächst und was sie zum Wachsen benötigt.
6. Geben Sie jedem Kind ein farbiges Chiffontuch.
7. Jedes Kind sucht sich nun einen Platz im Raum und macht sich am Boden klein wie eine Blumenzwiebel. Das Tuch wird in den Händen zusammengeknüllt.
8. Erklären Sie den Kindern, dass sie nun Blumenzwiebeln darstellen. Wenn Sie einem Kind ein Signal mit der Triangel geben, beginnt es, langsam zu wachsen und zum Schluss die Hände zu öffnen. Das Chiffontuch stellt die Blüte dar.
9. Gehen Sie nun mit der Triangel umher, bleiben Sie bei einem Kind stehen und geben Sie das Klangsignal. Gehen Sie weiter zum nächsten Kind und geben Sie erneut das Klangsignal. So werden nach und nach alle Zwiebeln geweckt, bis eine bunte Blumenwiese entstanden ist.

Atemübung:
Blumen erriechen

Material:
- 3 verschiedene, duftende Blumen
- Triangel o. Ä.

So geht's:
1. Bilden Sie mit der Klasse einen Sitzkreis.
2. Die Kinder schließen die Augen.
3. Gehen Sie mit der ersten Blume langsam von Kind zu Kind. Jedes Kind soll die Möglichkeit haben, mit einem tiefen Atemzug an der Blume zu riechen.
4. Geben Sie, nachdem jedes Kind gerochen hat, mit der Triangel ein akustisches Signal. Die Kinder öffnen nun die Augen.
5. Die Kinder erraten, welche Blume sie gerochen haben.
6. Wiederholen Sie den Ablauf mit den anderen zwei Blumen.

Aufwärm- und Lockerungsübung:
Schmetterlinge

Material:
- einige bunte Chiffontücher
- Triangel o. Ä.

So geht's:
1. Verteilen Sie die Chiffontücher als Blumen auf dem Boden.
2. Spielen Sie in regelmäßigen Abständen auf der Triangel. Die Kinder bewegen sich dazu wie fliegende Schmetterlinge um die Tücher herum durch den Raum.
3. Wenn Sie aufhören, auf der Triangel zu spielen, sucht sich jedes Kind schnell eine Blume zum Landen.
4. Nun können auch einzelne Kinder das Spielen auf der Triangel übernehmen.

Stimmspiel:
Die kleine Biene

Material:

- einige bunte Chiffontücher
- Triangel o. Ä.

So geht's:

1. Wiederholen Sie die Schmetterlingsübung mit dem Unterschied, dass die Kinder nun Bienen darstellen. Sie begleiten ihren Flug auf einem stimmhaften „Sssss".
2. Regen Sie zu unterschiedlichen Tonhöhen an, z. B. eine sehr kleine Biene (hohes Summen), eine dicke Hummel (tiefes Summen). Beziehen Sie die Ideen der Kinder mit ein.

Singen:
Summ, summ, summ

Material:

- evtl. einige bunte Chiffontücher

So geht's:

1. Bilden Sie mit der Klasse einen Sitzkreis.
2. Legen Sie Daumen und Zeigefinger aufeinander und stellen Sie so mit der Hand eine Biene dar.
3. Singen Sie die erste Strophe und bewegen Sie dabei die Hand wie eine fliegende Biene dazu. Lassen Sie die Biene nach jedem Durchgang auf einem anderen Körperteil landen. Fragen Sie gern die Kinder, wo die Biene als Nächstes landen soll.
4. Wenn Sie das Gefühl haben, dass die Kinder die erste Strophe singen können, gehen Sie weiter zur nächsten.
5. Wenn alle drei Strophen erarbeitet sind, können Sie das Lied auch szenisch mit den Kindern darstellen. Hierzu können einige Kinder die Bienen darstellen und im Inneren des Sitzkreises umherfliegen. Chiffontücher können Blumen auf dem Boden darstellen. Beziehen Sie die Ideen der Kinder mit ein.

Summ, summ, summ

Text: August Heinrich Hoffmann von Fallersleben (1798–1874)
Melodie: aus Böhmen

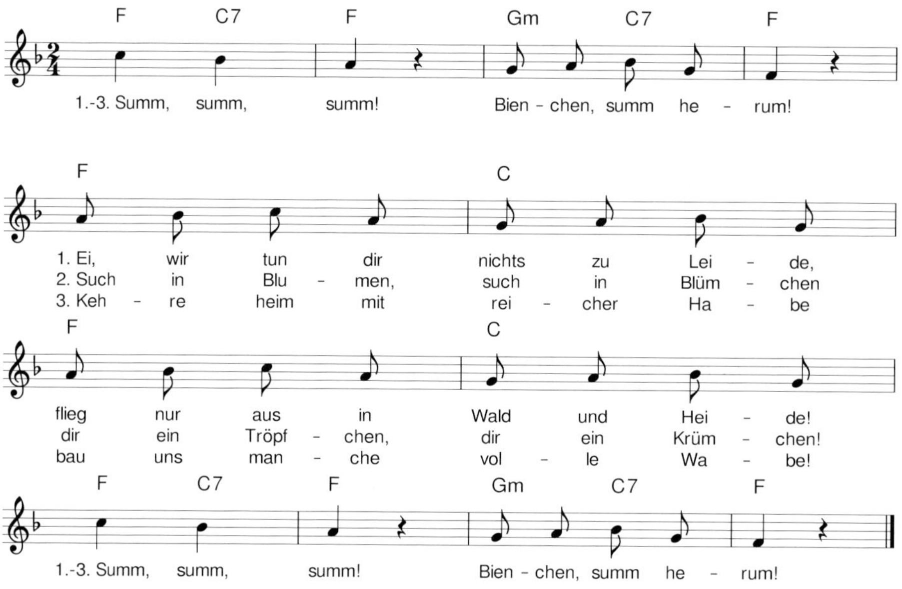

F C7 F Gm C7 F
1.-3. Summ, summ, summ! Bien - chen, summ he - rum!

F C
1. Ei, wir tun dir nichts zu Lei - de,
2. Such in Blu - men, such in Blüm - chen
3. Keh - re heim mit rei - cher Ha - be

F C
flieg nur aus in Wald und Hei - de!
dir ein Tröpf - chen, dir ein Krüm - chen!
bau uns man - che vol - le Wa - be!

F C7 F Gm C7 F
1.-3. Summ, summ, summ! Bien - chen, summ he - rum!

Singen:
Ich lieb die Blumen

Material:

- buntes Chiffontuch für jedes Kind

So geht's:

1. Bilden Sie mit der Klasse einen Stehkreis.
2. Verteilen Sie ein buntes Chiffontuch an jedes Kind.
3. Singen Sie das Lied und erarbeiten Sie mit der Klasse die Bewegungen.

Ich lieb die Blumen

nach der Melodie von „I like the flowers" (aus England)

Text: Claire Reich

G Em Am D7

1. Ich lieb die Blu - men. Kannst du die Far - ben sehn?

G Em Am D7

Ich lieb die Son - ne, das Drau - ßen-spie - len-Gehn.

G Em Am D7

Ich lieb die Früh - lings-luft und den Blu - men-duft.

G Em Am D7

Dum di da di dum di da di dum di da di dum di da di.

Bewegungen:

Ich lieb die Blumen. Kannst du die Farben sehn?
Das Chiffontuch wie eine Blume in der Hand halten und im Kreis laufen
Ich lieb die Sonne, das Draußen-spielen-Gehn.
Langsam in die Kreismitte gehen und dabei die Blume Richtung Himmel strecken
Ich lieb die Frühlingsluft und den Blumenduft.
Das Tuch an einem Zipfel nehmen und es sanft hin- und herschwingen, dabei rückwärts zurück in den Kreis laufen
Dum di da di dum di da di dum di da di dum di da di.
Das Tuch an einem Zipfel halten und das andere Ende sanft im Rhythmus des Liedes auf den Boden tupfen

Vögel

Entspannungs- und Körperwahrnehmungsübung:
Federn erspüren

Material:
- Federn für die Hälfte der Klasse

So geht's:
1. Teilen Sie die Klasse in 2er-Gruppen ein.
2. Verteilen Sie eine Feder an jede 2er-Gruppe.
3. Kind A schließt jeweils die Augen.
4. Kind B berührt verschiedene Körperteile von Kind A mit der Feder. Kind A spürt mit geschlossenen Augen der Feder nach.
5. Nach einige Zeit werden die Rollen getauscht.

Atemübung:
Fliegende Federn

Material:
- Feder für jedes Kind

So geht's:
1. Verteilen Sie eine Feder an jedes Kind.
2. Spielen Sie entspannende Musik (z. B. Grieg: Peer Gynt Suite Nr. 1, Op. 46 – Morgenstimmung) ab. Während die Musik läuft, versuchen die Kinder, ihre Federn nur durch Pusten durch den Raum zu bewegen. Wenn die Musik pausiert, können die Kinder ihre Federn tauschen.

Aufwärm- und Lockerungsübung:
Katze und Vögel

Material:

- 2 Federn für jedes Kind

So geht's:

1. Jedes Kind stellt einen Stuhl („Baum") im Raum auf.
2. Geben Sie jedem Kind zwei Federn.
3. Ein ausgewähltes Kind stellt die Katze dar, die anderen Kinder die Vögel.
4. Spielen Sie erneut Musik ab. Sie können hier z. B. wieder die „Morgenstimmung" von Grieg nehmen.
5. Die Kinder bewegen sich zur Musik wie fliegende Vögel durch den Raum um die Stühle herum. Achten Sie darauf, dass die Kinder möglichst große Flügelbewegungen machen.
6. Wenn die Musik stoppt, fängt die Katze die Vögel. Diese versuchen, sich auf die Stühle („Bäume") zu retten. Ist ein Kind auf einem Stuhl, kann es nicht mehr gefangen werden. Kinder, die gefangen wurden, verwandeln sich in Katzen.

Stimmspiel:
Vogelgeräusche

So geht's:

1. Bilden Sie einen Sitzkreis.
2. Probieren Sie mit der Klasse verschiedene Vogelgeräusche. Dabei können Sie Bewegungen mit einbeziehen. Beispiele:
   - **Uhu:** „Huhuuuu!" – Legen Sie die Hände wie einen Trichter an den Mund. Variieren Sie mit verschiedenen Tonhöhen.
   - **Körner picken:** kurzes, prägnantes „Pick!" – Legen Sie Daumen und Zeigefinger wie einen Vogelschnabel aufeinander. Begleiten Sie jedes „Pick" mit einer Pick-Bewegung der Hand auf verschiedenen Körperteilen.
   - **Vogelbabys:** hohes, kurzes „Piep", um die Kopfstimme anzuregen. Dabei können die Kinder mit den Händen kleine Flügelschläge andeuten.

Singen:
Alle Vögel sind schon da

So geht's:

1. Bilden Sie einen Sitzkreis.
2. Sprechen Sie den Text der ersten Strophe vor.
3. Fragen Sie die Klasse nach unklaren Begriffen im Text (z. B. tiriliern, einmarschiern, Sang und Schalle). Klären Sie diese.
4. Erarbeiten Sie den Text der ersten Strophe nun durch Vor- und Nachsprechen einzelner Abschnitte. Es empfiehlt sich, nach jeder zweiten Zeile einen Absatz einzurichten. Wichtig ist aber, dass Sie hier individuell auf Ihre Klasse eingehen und die Abschnitte, falls notwendig, kürzer oder länger gestalten.
5. Singen Sie nun die Abschnitte erneut mit Text und Melodie vor und lassen Sie sie nachsingen.
6. Wiederholen Sie diesen Vorgang so lange, bis die erste Strophe textlich und melodisch klar ist.
7. Wenn Sie möchten, können Sie jetzt die Bewegungen mit einbeziehen. Sie können sich aber auch gemeinsam mit der Klasse eigene Bewegungen oder Klänge überlegen.
8. Erarbeiten Sie die zweite Strophe nach demselben Muster wie die erste.

Alle Vögel sind schon da

Text: August Heinrich Hoffmann von Fallersleben (1798–1874)
Melodie: nach der Volksweise „Nun reis ich fort" aus dem späten 18. Jahrhundert, mit dem obigen Text erstmals gedruckt in Hamburg 1844

D G D A7 D
1. Al - le Vö - gel sind schon da, al - le Vö - gel,
2. Wie sie al - le lus - tig sind, flink und froh sich

A D A7 D A
al - le! Welch ein Sin - gen, Mu - si - ziern,
re - gen! Am - sel, Dros - sel, Fink und Star

D A7 D A D
Pfei - fen, Zwit - schern, Ti - ri - liern! Früh - ling will nun
und die gan - ze Vo - gel - schar wün - schen dir ein

G D A7 D A7 D
ein - mar - schiern, kommt mit Sang und Schal - le.
fro - hes Jahr, lau - ter Heil und Se - gen.

Bewegungen:

1. **Alle Vögel sind schon da, alle Vögel, alle!**
   Auf die Knie patschen
   Welch ein Singen, Musiziern,
   Hände wie Trichter ans Ohr legen
   Pfeifen, Zwitschern, Tiriliern!
   Auf einer imaginären Flöte spielen
   Frühling will nun einmarschiern,
   Mit den Füßen marschieren
   kommt mit Sang und Schalle.
   In die Hände klatschen

2. **Wie sie alle lustig sind, flink und froh sich regen!**
   Auf die Knie patschen
   Amsel, Drossel, Fink und Star und die ganze Vogelschar
   Alle nehmen sich an die Hand und schaukeln die Hände vor und zurück
   wünschen dir ein frohes Jahr,
   Erst zum einen, dann zum anderen Nachbarkind drehen und dabei eine verbeugende Geste machen
   lauter Heil und Segen.
   In die Hände klatschen

Singen:
Frühlingslied

So geht's:

1. Bilden Sie mit der Klasse einen Sitzkreis.
2. Singen Sie die erste Strophe und patschen Sie dabei im Wechselschlag auf Ihre Knie. Ermuntern Sie die Klasse, das Patschen mitzumachen. Wiederholen Sie dies einige Male.
3. Ermuntern Sie die Kinder nun, mitzusingen. Ersetzen Sie das Patschen durch leichtes Stampfen im Sitzen. Achten Sie darauf, dass der Gesang noch gut zu hören ist.
4. Erarbeiten Sie die zweite Strophe auf dieselbe Weise.
5. Szenisches Spiel: Verteilen Sie die Rolle des Frühlings und die des Vögleins an jeweils ein Kind. Das Frühlingskind legt sich schlafend in die Mitte des Sitzkreises. Während der ersten Strophe bleibt es dort liegen. Die anderen Kinder marschieren erneut im Sitzen und singen die Strophe. Während der zweiten Strophe läuft das Vogelkind in fliegender Bewegung um das Frühlingskind herum. Die anderen Kinder singen das Lied und begleiten dies mit Patschen im Wechselschlag auf die Knie. Bei „ein Vöglein hat ihn aufgeweckt" tippt das Vogelkind das Frühlingskind an. Das Frühlingskind erwacht, zeigt auf ein anderes Kind und gibt so seine Rolle an dieses Kind ab. Auch das Vogelkind gibt auf diese Weise seine Rolle an ein anderes Kind ab.
6. Wiederholen Sie das Lied einige Male.

Frühlingslied
Text: August Heinrich Hoffmann von Fallersleben (1798–1874)
Melodie: Johann Friedrich Reichardt (1752–1814)
D A D E7
1. Der_ Früh - ling hat sich ein - ge - stellt; wohl - an, wer will ihn
2. Er_ hielt im Wal - de sich_ ver - steckt, dass_ nie - mand ihn mehr
A A7 D A A7 D
sehn? Der_ muss mit mir ins frei - e Feld, ins_ grü - ne Feld nun gehn.
sah; ein_ Vög - lein hat ihn auf - ge - weckt; jetzt_ ist er wie - der da.

Sommer

Wasser

Entspannungs- und Körperwahrnehmungsübung: **Duschmassage**

So geht's:

1. Stellen Sie sich mit der Klasse in einen Kreis.
2. Die Kinder stellen sich vor, unter der Dusche zu stehen.
3. Beginnen Sie, sanft mit den Fingerspitzen auf dem Kopf zu trommeln.
4. Gehen Sie mit den Bewegungen zu Gesicht und Hals über. Verweilen Sie ruhig einige Sekunden an Stationen wie Stirn, Wangen und Nacken.
5. Gehen Sie zum Brustbein über. Führen Sie nun die Hände über Kreuz an Schultern und Armen entlang weiter und wieder zurück zum Brustbein.
6. Gehen Sie über zu Rücken und Bauch.
7. Gehen Sie an der Vorderseite der Beine entlang zu den Füßen und verweilen Sie dort einige Sekunden. Gehen Sie dann an der Beinrückseite wieder nach oben.
8. Alle im Kreis nehmen sich nun an die Hand, schließen die Augen und spüren der Massage nach.
9. Variation: Sie können nun die Klasse in 2er- oder 3er-Gruppen einteilen und aus der Massage eine Partnerübung entwickeln.

Atemübung:
Wasser blubbern

Material:
- Becher, zu ⅓ mit Wasser gefüllt, für jedes Kind
- Strohhalm oder kurzer Schlauch (z. B. Silikonschlauch aus dem Baumarkt) für jedes Kind

So geht's:
1. Verteilen Sie einen Becher mit Wasser und Strohhalm oder Schlauch an jedes Kind.
2. Der Strohhalm/Schlauch wird in das Wasser eingetaucht.
3. Erzeugen Sie durch Pusten ein leichtes Blubbern im Becher.
4. Achten Sie hierbei auf gleichmäßige Atmung.
5. Wiederholen Sie den Vorgang mehrmals.

Aufwärm- und Lockerungsübung:
Blubbern in Bewegung

Material:
- Becher, zu ⅓ mit Wasser gefüllt
- Strohhalm oder kurzer Schlauch

So geht's:
1. Bilden Sie mit den Kindern einen Stehkreis. Die Kinder nehmen sich an den Händen.
2. Wählen Sie ein Kind aus, das sich in die Kreismitte stellt.
3. Geben Sie diesem Kind den Becher mit Strohhalm/Schlauch in die Hand.
4. Das Kind beginnt, ein Blubbern im Becher zu erzeugen. Die Kinder im Stehkreis beginnen, Arme und Oberkörper, passend dazu, zu bewegen, z. B. durch Schütteln oder Wackeln. Wird das Blubbern stärker und lauter, werden auch die Bewegungen der anderen Kinder stärker. Wird das Blubbern schwächer und leiser, passen sich auch hier die Bewegungen an.
5. Wählen Sie das nächste Kind aus, das die Aufgabe in der Mitte übernimmt.
6. Führen Sie so einige Wiederholungen durch.

Stimmspiel:
Töne blubbern

Material:
- Becher, zu ⅓ mit Wasser gefüllt, für jedes Kind
- Strohhalm oder kurzer Schlauch (z. B. Silikonschlauch aus dem Baumarkt) für jedes Kind

So geht's:
1. Verteilen Sie einen Becher mit Wasser und Strohhalm oder Schlauch an jedes Kind.
2. Probieren Sie nun, verschiedene Töne in den Becher zu blubbern.
3. Variieren Sie mit Tonhöhe und Lautstärke. Sie können dies vorerst frei ausprobieren lassen und dann durch Ihre Hände dirigieren. Nutzen Sie hierzu folgende Zeichen:
   - **Hände weit auseinander:** laut
   - **Hände nah beieinander:** leise
   - **Hände hoch:** hohe Töne
   - **Hände tief:** tiefe Töne
4. Nach einigen Durchgängen können Sie auch einzelne Kinder dirigieren lassen.

Singen:
Hey, liebes Wasser

Material:
- Becher, zu ⅓ mit Wasser gefüllt, für jedes Kind
- Strohhalm oder kurzer Schlauch (z. B. Silikonschlauch aus dem Baumarkt) für jedes Kind

So geht's:
1. Erarbeiten Sie den Text der ersten Zeile durch Vor- und Nachsprechen.
2. Erarbeiten Sie die erste Zeile (Text und Melodie) durch Vor- und Nachsingen.
3. Erarbeiten Sie die zweite Zeile des Liedes auf dieselbe Weise.
4. Verteilen Sie die gefüllten Becher mit Strohhalm/Schlauch an die Klasse.
5. Teilen Sie die Klasse in zwei Gruppen ein.

6. Gruppe 1 singt das Lied, Gruppe 2 begleitet dies mit leisen Blubbergeräuschen.
7. Nach einigen Durchgängen werden die Gruppen getauscht.
8. Um das Lied noch interessanter zu gestalten, können Sie sich gemeinsam mit der Klasse Bewegungen zum Lied überlegen, die zum Thema Wasser passen. Die singende Gruppe kann die Bewegungen miteinbeziehen.

Tipp: Dieses Lied können Sie sich hier anhören:
www.youtube.com/watch?v=kMsO6fOl5aQ

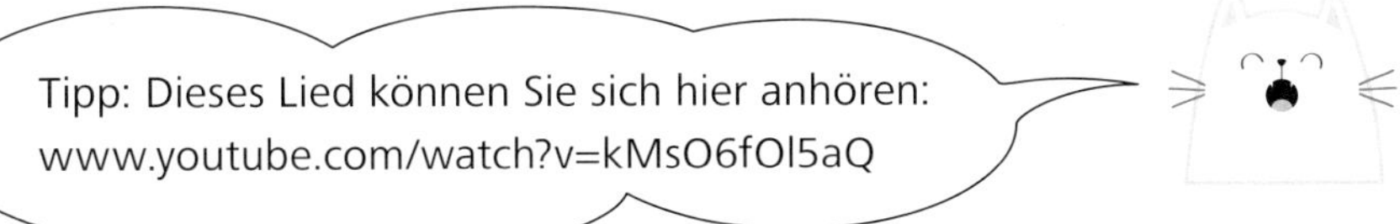

Hey, liebes Wasser

Text und Melodie: Claire Reich

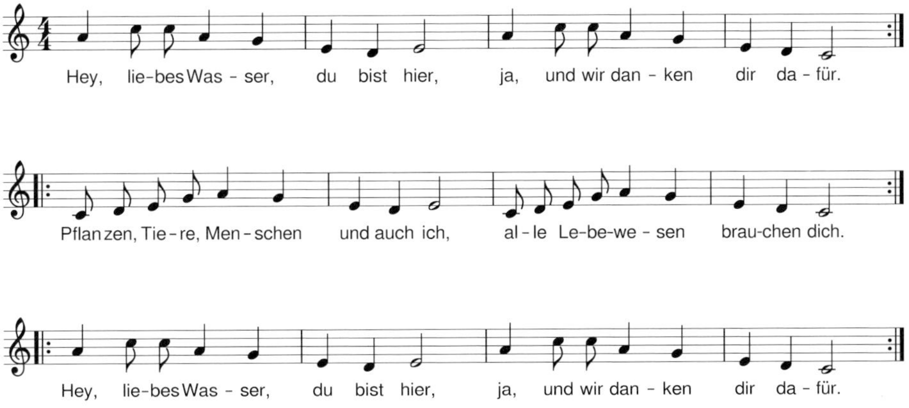

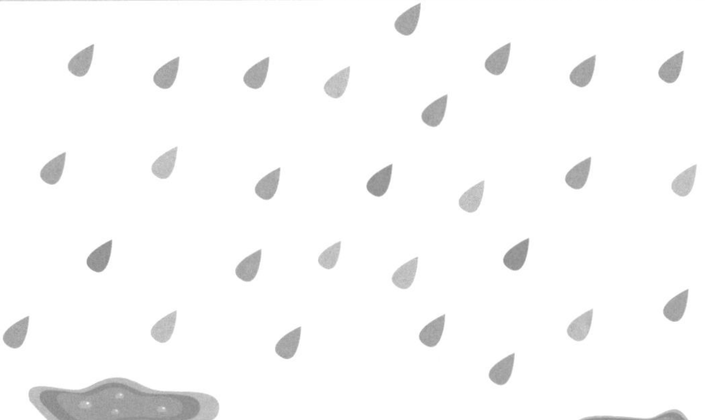

Hey, lie-bes Was - ser, du bist hier, ja, und wir dan - ken dir da - für.
Pflan zen, Tie - re, Men - schen und auch ich, al - le Le-be-we - sen brau-chen dich.
Hey, lie-bes Was - ser, du bist hier, ja, und wir dan - ken dir da - für.

Singen:
Regentropfen

So geht's:

1. Erarbeiten Sie den Text in Abschnitten durch Vor- und Nachsprechen.
2. Singen Sie nun abschnittsweise den Text mit Melodie.
3. Nehmen Sie nun den bekannten Rhythmus aus dem Originalsong von Queen dazu. Spielen Sie diesen mit Bodypercussion durch 2-maliges Patschen auf die Knie und einmaliges Klatschen in die Hände.

Tipp: Ein Playback oder eine Karaokeversion des Liedes kann hilfreich sein.

Regentopfen

nach der Melodie von „We will rock you" (Queen)
Text: Claire Reich

Neue Gummistiefel hab ich schon gekauft
und mein Regenschirm ist auch noch nicht gebraucht.
Meine Regenjacke ist jetzt endlich dran,
in die Pfützen springen steht heut auf dem Programm, ich sing:

Regen-, Regentropfen
an mein Fenster klopfen!

Immer wenn es regnet, will ich schnell hinaus.
Mama, hol die Matschhose aus dem Schrank heraus!
Alle meine Freunde machen einfach mit
und wir singen unsren Regenwetterhit, singen:

Regen-, Regentropfen
auf die Straße klopfen!

Manchmal kommt beim Regen auch die Sonne raus.
Schau, ein Regenbogen über unserm Haus!
Sind wir dann zu Hause, gibt es kein Geschrei,
nasse Sachen einfach in die Waschmaschine rein, ich sing:

Regen-, Regentropfen
auf das Hausdach klopfen!
Regen-, Regentropfen
auf das Hausdach klopfen!

Sonne

Entspannungs- und Körperwahrnehmungsübung: **Sonnenstrahlen**

So geht's:

1. Bilden Sie mit der Klasse einen Sitzkreis.
2. Atmen Sie tief ein. Schicken Sie mit dem Ausatmen die Arme und Hände mit gespreizten Fingern von Ihrem Körper Richtung Himmel.
3. Holen Sie die Hände mit dem Einatmen langsam wieder zurück zum Körper und wiederholen Sie den Vorgang einige Male.

Atemübung: **Sonnenstrahlen mit Stimme**

So geht's:

1. Führen Sie die Sonnenstrahlenübung wie oben aus.
2. Führen Sie das Ausatmen dieses Mal auf einem stimmlosen „Sssss" aus.
3. Verwenden Sie beim zweiten Durchgang „Schhhh".
4. Verwenden Sie beim dritten Durchgang „Fffff".

Aufwärm- und Lockerungsübung:
Sonnenstrahlen verschicken

So geht's:

1. Bilden Sie mit den Kindern einen Stehkreis. Stellen Sie sich mit den Rücken zur Kreismitte.
2. Beim Einatmen fixieren alle einen beliebigen Punkt im Raum.
3. Mit dem Ausatmen laufen alle mit ausgestrecktem Zeigefinger auf ihren Punkt zu.
4. Jetzt kommen alle zurück in die Ausgangsposition in der Kreismitte und suchen einen neuen Punkt. Wiederholen Sie den Vorgang mehrere Male.

Stimmspiel:
Sonnenstrahlen summen und singen

So geht's:

1. Bilden Sie mit den Kindern einen Sitzkreis.
2. Schließen Sie die Augen.
3. Schicken Sie auf „Mmmmm" gedachte Sonnenstrahlen durch Ihren Kopf nach außen.
4. Spielen Sie mit unterschiedlichen Tonhöhen.
5. Nach einigen Malen probieren Sie die Übung auf „Maaaa", „Moooo", „Jaaaa", „Joooo", „Waaaa", „Woooo".

Singen:
Liebe, liebe Sonne

So geht's:

1. Bilden Sie mit der Klasse einen Sitzkreis.
2. Erarbeiten Sie das Lied durch Vor- und Nachsingen. Wählen Sie hier Absätze, z. B. nach jeder zweiten Zeile.
3. Singen Sie nun das Lied mehrmals durch, bis die Kinder es auswendig singen können.
4. Teilen Sie nun die Klasse in 2er-Gruppen ein.
5. Kind 1 setzt sich auf einen Stuhl im Sitzkreis, Kind 2 stellt sich hinter den Stuhl.
6. Alle Kinder auf den Stühlen schließen die Augen.
7. Alle singen das Lied. Die Kinder hinter den Stühlen massieren die Kinder auf den Stühlen dazu mit kreisenden Handbewegungen am Rücken.
8. Die Kinder führen bei „Einer schließt den Himmel auf" eine aufschließende Handbewegung am Rücken aus.
9. Bei „kommt die liebe Sonn heraus" trommeln sie sanft mit den Handflächen auf dem Rücken.
10. Tauschen Sie die Gruppen und führen Sie die Übung ein weiteres Mal durch.

Singen:
Wir wollen den Sommer

So geht's:

1. Bilden Sie mit der Klasse einen Stehkreis.
2. Erarbeiten Sie das Lied durch Vor- und Nachsingen. Wählen Sie hier Absätze, z. B. nach jeder zweiten Zeile.
3. Singen Sie nun das Lied mehrmals durch, bis die Kinder es auswendig singen können.
4. Nehmen Sie nun die angegebenen Bewegungsaktionen hinzu.
5. Überlegen Sie für den Schluss und das Intro des Liedes eigene Bewegungen gemeinsam mit den Kindern.

Tipp: Ein Playback oder eine Karaokeversion des Liedes kann hilfreich sein.

Wir wollen den Sommer

nach der Melodie von „Walking on Sunshine" (Katrina & The Waves)
Text: Claire Reich

1. **Die Sonne ist hinter den Wolken, wann kommt sie heraus?**
   Handflächen seitlich vom Körper wegstrecken, wie bei einer fragenden Geste
   Ich glaube, so ohne die Sonne halt ich's hier nicht aus!
   Arme verschränken
   Ja, jedes Mal wenn ich eine Wolke am Himmel sehe,
   Hand an die Stirn legen
   wünsch ich mir, sie würde, so schnell wie sie kam, wieder gehen!
   Mit beiden Händen wegschiebende Geste vollziehen

   Refrain:
   Wir wollen den Sommer! (Wow!)
   Wir wollen den Sommer! (Wow!)

Wir wollen den Sommer! (Wow!)
Beide Hände über dem Kopf im Rhythmus hin- und herbewegen, passend dazu mit den Füßen Step-Touch nach links und rechts ausführen
Der Sommer ist toll!
Bei „toll" beide Hände zur Faust in die Luft strecken

Hey, der Sommer! …
Der Sommer ist toll, hey, yeah!

2. **Ich möchte ins Freischwimmbad gehen, mir ist hier zu heiß!**
Auf der Stelle laufen
Im Wasser, da kühl ich mich ab und dann ess ich ein Eis!
Schwimmbewegungen auf der Stelle machen
Mit meinen Freunden mach ich ne Radtour im Sonnenschein
und keiner von uns bleibt zu Hause, niemand bleibt hier allein!
Sich an die Hand nehmen und im Kreis gehen

Refrain:
Wir wollen den Sommer! (Wow!)
Wir wollen den Sommer! (Wow!)
Wir wollen den Sommer! (Wow!)
Beide Hände über dem Kopf im Rhythmus hin- und herbewegen, passend dazu mit den Füßen Step-Touch nach links und rechts ausführen.
Der Sommer ist toll!
Bei „toll" beide Hände zur Faust in die Luft strecken

Hey, der Sommer! …
Der Sommer ist toll, hey, yeah!
Bei „toll" beide Hände zur Faust in die Luft strecken
Der Sommer ist toll!
Bei „toll" beide Hände zur Faust in die Luft strecken

Wir wollen den Sommer!
Wir wollen den Sommer!
Beide Hände über dem Kopf im Rhythmus hin- und herbewegen, passend dazu mit den Füßen Step-Touch nach links und rechts ausführen

Wir wollen Sommer, wollen Sommer, wollen Sommer jetzt sofort!
Wir wollen Sommer, wollen Sommer, wollen Sommer jetzt sofort!
Beide Hände über dem Kopf im Rhythmus hin- und herbewegen, passend dazu mit den Füßen Step-Touch nach links und rechts ausführen

Wollen Sommer jetzt sofort!
Wollen Sommer jetzt sofort!

Wir wollen den Sommer! (Wow!)
Wir wollen den Sommer! (Wow!)
Wir wollen den Sommer! (Wow!)
Der Sommer ist toll! (Ja, der Sommer!)
Der Sommer ist toll!
Der Sommer ist toll!
Der Sommer ist toll!
...

Reisen

Entspannungs- und Körperwahrnehmungsübung: **Fantasiereise**

So geht's:

1. Bilden Sie mit der Klasse einen Sitzkreis.
2. Alle nehmen eine entspannte Haltung ein und schließen die Augen.
3. Lesen Sie nun die folgende Fantasiereise langsam vor:

   **„Heute reisen wir in unserer Fantasie in verschiedene Länder.
   Zuerst reisen wir in ein ganz warmes Land.
   Dort gibt es Palmen und einen großen, weißen Sandstrand.
   Wir legen uns an den Strand und fühlen den warmen Sand an unserem Rücken.
   Ganz warm und weich fühlt sich der Sand an.
   Die Sonne wärmt unser Gesicht und unseren Bauch.
   Langsam wird es uns zu warm, darum reisen wir weiter.
   Wir reisen in die Berge.
   Wir laufen über eine grüne Wiese.
   Das Gras kitzelt uns ein bisschen an den Beinen.
   Wir können viele Bäume und weite Felder sehen.
   Der Wind weht durch unsere Haare.
   Vor uns sehen wir einen kleinen Bach.
   Wir setzen uns an den Bach und halten unsere Füße in das kühle Wasser.
   Nach der kleinen Pause reisen wir weiter.
   Dieses Mal reisen wir in ein kaltes Land.
   Wir haben unseren Schneeanzug, warme Stiefel, Handschuhe und eine Mütze an.
   Vor uns sehen wir nur Eis und Schnee.
   Wir stapfen durch den Schnee und es knirscht unter unseren Füßen.
   Unser Gesicht ist ganz kalt.
   Es ist so kalt, dass wir unseren Atem sehen können.
   Wir nehmen etwas Schnee in unsere Hände und formen ihn zu einem Schneeball.**

Wir werfen den Schneeball, so weit wir können.
Dann legen wir uns in den Schnee und machen einen Schneeengel.
Jetzt fühlen sich auch unser Kopf und unser Rücken ganz kalt an.
Schnell reisen wir wieder zurück in die Schule.
Wie warm ist es in unserem Klassenzimmer?
Wie fühlt sich unser Kopf an, unser Rücken, unsere Beine?
Sind sie warm oder kalt?
Langsam öffnen wir die Augen, schauen uns um und kommen im Raum an."

4. Sie können nun zu einem Reflexionsgespräch mit der Klasse anregen. Fragen Sie dazu die Kinder, wie sie die Fantasiereise erlebt haben.

Atemübung:
Reisen mit der Eisenbahn

So geht's:

1. Bilden Sie mit der Klasse einen Sitzkreis.
2. Atmen Sie tief ein und auf „Tschhhh" langsam und lang aus.
3. Beginnen Sie nun, auf „Tsch" gleichmäßig in einem langsamen Rhythmus auszuatmen.
4. Nehmen Sie die Hände in einer imaginären Radbewegung zur Unterstützung der Atmung mit.
5. Werden Sie nun immer schneller.
6. Beenden Sie den Rhythmus abrupt und ahmen Sie auf einem hohen Ton auf der Silbe „Huuuu" 2-mal eine Eisenbahn nach.
7. Steigen Sie nun wieder in das „Tsch" in schnellem Rhythmus ein und werden Sie nach und nach langsamer.
8. Atmen Sie am Ende erneut tief ein und beenden Sie die Übung durch ein langes Ausatmen auf „Tschhhh".
9. Sie können die Übung nun wiederholen und ein Kind durch seine Radbewegungen die Angabe des Tempos übernehmen lassen.

Aufwärm- und Lockerungsübung:
Mit dem Zug, mit dem Auto, mit dem Schiff …

So geht's:

1. Stellen Sie die Klasse hinter sich in einer langen Schlange auf.
2. Fahren Sie als „Zug" durch den Raum. Begleiten Sie die Fahrt stimmlich mit „Tsch".
3. Auch einzelne Kinder können die Rolle des*der Zugführer*in übernehmen.
4. Steigen Sie nun aus dem „Zug" aus und in ein „Auto" ein.
5. Jetzt fahren alle durcheinander durch den Raum. Das Fahren wird duch Lippenflattern auf „Brrrr" begleitet. Zwischendurch können andere Autofahrer*innen begrüßt werden.
6. Steigen Sie aus dem „Auto" aus und in ein „Schiff" ein.
7. Stellen Sie das „Schiff" durch eine gemächliche Wiegebewegung durch den Raum dar. Begleiten Sie die Fahrt mit einem stimmlosen „Schhhh" im Rhythmus der Bewegung.

Stimmspiel:
Was erleben wir auf unserer Reise?

So geht's:

1. Bilden Sie mit der Klasse einen Sitzkreis.
2. Führen Sie folgende Stimmspiele durch:
   - Wir essen ein Eis:
     Jedes Kind darf reihum seine Lieblingssorte nennen.
     Reiben Sie Ihren Bauch und lassen Sie dabei ein „Mmmhh" erklingen.
     Alle haben nun ein imaginäres Eis mit der jeweiligen Lieblingssorte vor sich.
     Das Eis wird nun genüsslich mit lauten Schleckgeräuschen genascht.
   - Wir rutschen auf einer Wasserrutsche:
     Rutschen Sie mit den Händen eine gedachte Wasserrutsche hinab.
     Begleiten Sie die Bewegung stimmlich mit „Huiiii" von hoch nach tief.
   - Wir klettern auf einen hohen Berg:
     Klettern Sie mühsam einen hohen Berg hinauf. Begleiten Sie die Kletterbewegung auf „Uff".
     Machen Sie sich groß, wenn Sie oben angekommen sind, und legen Sie die Handfläche an die Stirn. Genießen Sie die Aussicht mit einem zufriedenen „Aaahh".

Singen:
Schön ist die Welt

So geht's:

1. Bilden Sie mit der Klasse einen Sitzkreis.
2. Erarbeiten Sie den Text der ersten Strophe durch Vor- und Nachsprechen in Absätzen.
3. Singen Sie nun die erste Strophe in Absätzen vor und lassen Sie sie von den Kindern nachsingen.
4. Nehmen Sie nun die angegebenen Bewegungsaktionen hinzu.
5. Erarbeiten Sie auf diese Weise jede Strophe einzeln.

Bewegungen:

1. **Schön ist die Welt, drum, Kinder, lasst uns reisen**
   In die Hände klatschen
   wohl in die weite Welt, wohl in die weite Welt.
   An den Händen im Kreis gehen

2. **Wir sind nicht stolz, wir brauchen keine Pferde,**
   Im Kreis galoppieren
   die uns von dannen ziehn, die uns von dannen ziehn.
   Im Kreis stehen, Handfläche über die Stirn legen und von einer Seite zur anderen schauen

3. **Wir steigen hin, auf Berge und auf Hügel,**
   Im Kreis stehen und Wanderbewegung am Platz machen
   wo uns die Sonne sticht, wo uns die Sonne sticht.
   Mit den Zeigefingern Stichbewegung an den Armen vollziehen

4. **Wir laben uns an jeder Felsenquelle,**
   Mit den Händen eine Schöpfbewegung nachahmen
   wo frisches Wasser fließt, wo frisches Wasser fließt.
   Mit den Händen einen Fluss darstellen, die Hände dazu von einer Seite zur anderen bewegen und die Fingerspitzen bewegen

5. **Wir reisen fort von einer Stadt zur andern,**
   An den Händen im Kreis gehen
   wo uns die Luft gefällt, wo uns die Luft gefällt.
   Im Kreis stehen und mit dem Zeigefinger auf die Nase tippen

Singen:
Ich fahre nur mit der Bahn

So geht's:

1. Bilden Sie mit der Klasse einen Sitzkreis.
2. Erarbeiten Sie den Text in Abschnitten durch Vor- und Nachsprechen.
3. Nehmen Sie die Melodie in Abschnitten hinzu.
4. Geben Sie jetzt einen gleichmäßigen Rhythmus durch abwechselndes Patschen auf die Knie und Klatschen in die Hände vor. Üben Sie diesen Rhythmus vorerst.
5. Begleiten Sie mit diesem Rhythmus die Strophen.
6. Begleiten Sie den Refrain mit einer Radbewegung mit beiden Händen.

Tipp: Ein Playback oder eine Karaokeversion des Liedes kann hilfreich sein.

Ich fahre nur mit der Bahn

nach der Melodie von „Highway to hell" (ACDC)
Text: Claire Reich

1. Ich geh reisen, ganz weit fort.
Ich möchte mal an einen anderen Ort.
Ich geh hin, wo's mir gefällt.
Es gibt so schöne Plätze auf dieser Welt.
Doch wie komm ich hier nur weg?
Hab ja auch fast kein Gepäck!
Ach, jetzt weiß ich, was ich mag,
kein Schiff, kein Flugzeug und kein Motorrad …

Refrain:
Ich fahre nur mit der Bahn!
Ich fahr nur mit der Bahn!
Nur mit der Bahn!
Ja, ich fahr nur mit der Bahn!

2. Ich geh reisen, ganz weit fort.
Ich möchte mal an einen anderen Ort,
Alles gleich hier immerzu.
Ich will mal raus hier, denn mir drückt der Schuh!
In die Berge und ans Meer,
ja, das Reisen, das gefällt mir sehr!
Ach, wie komm ich hier nur weg?
Doch ich hab mir schon was ausgeheckt!

Refrain:
Ich fahre nur mit der Bahn!
Ich fahr nur mit der Bahn!
Nur mit der Bahn!
Ja, ich fahr nur mit der Bahn!

Herbst

Herbstdrachen

Entspannungs- und Körperwahrnehmungsübung:
Den Wind spüren

Material:

- ca. 20 Chiffontücher

So geht's:

1. Teilen Sie die Klasse in 4er-Gruppen ein.
2. Jede Gruppe bekommt drei Chiffontücher.
3. Ein Kind stellt sich in die Mitte der anderen drei Kinder der Gruppe und schließt die Augen. Dieses Kind stellt den Herbstdrachen dar.
4. Die anderen drei Kinder nehmen die Chiffontücher und stellen mit den Tüchern den Wind dar. Sie beginnen, verschiedene Körperteile des Kindes in der Mitte mit den Chiffontüchern auszustreichen.
5. Nach einiger Zeit wird innerhalb der Gruppe getauscht, bis jedes Kind einmal den Herbstdrachen dargestellt hat.

Atemübung:
Kunststücke fliegen

Material:
- selbst gebastelte Papierdrachen

So geht's:
1. Basteln Sie mit Ihrer Klasse Papierdrachen.
2. Bilden Sie mit der Klasse einen Sitzkreis.
3. Nehmen Sie Ihren Papierdrachen am unteren Ende in die Hand und lassen Sie ihn auf „Schhhh" vorerst frei fliegen. Ermuntern Sie die Kinder zum Mitmachen.
4. Nun darf jedes Kind der Reihe nach mit seinem Drachen ein kurzes Kunststück fliegen. Das Fliegen wird ebenfalls auf „Schhhh" begleitet. Nun versuchen alle, das Kunststück nachzufliegen. Dann ist das nächste Kind an der Reihe.

Aufwärm- und Lockerungsübung:
Hoch oder Tief

Material:
- selbst gebastelte Papierdrachen
- evtl. Musik, z. B. „Die Moldau" von Smetana

So geht's:
1. Die Kinder stellen Herbstdrachen dar und fliegen frei durch den Raum.
2. Sie können dazu eine passende Musik abspielen, z. B. „Die Moldau" von Smetana.
3. Nehmen Sie Ihren Papierdrachen und halten Sie ihn entweder hoch oder tief. Die Kinder fliegen, passend dazu, entweder hoch auf ihren Zehenspitzen oder niedrig über dem Boden.
4. Auch einzelne Kinder können nach einiger Zeit das Anzeigen mit dem Papierdrachen übernehmen.

Stimmspiel:
Drachenfliegen mit der Stimme

Material:

- selbst gebastelte Papierdrachen

So geht's:

1. Bilden Sie einen Sitzkreis.
2. Nehmen Sie die gebastelten Papierdrachen zur Hand.
3. Wie in der vorhergehenden Übung werden wieder Kunststücke mit den Drachen geflogen. Diesmal wird der Flug auf „Huuuu" begleitet. Achten Sie darauf, Ihre Stimme in der Tonhöhe an den Flug Ihres Drachen anzupassen.
4. Nach der Reihe fliegt jedes Kind ein stimmlich begleitetes Kunststück auf „Huuuu" vor. Die Klasse versucht danach, das jeweilige Kind nachzuahmen.

Singen:
Mein Drachen ist so wunderschön

Material:

- selbst gebastelte Papierdrachen

So geht's:

1. Bilden Sie mit der Klasse einen Stehkreis.
2. Jedes Kind nimmt seinen selbst gebastelten Drachen hervor.

Mein Drachen ist so wunderschön

nach der Melodie von „Dornröschen war ein schönes Kind" (nach Margarete Läffler, Ende 19. Jh.)

Text: Claire Reich

C F

1. Mein Dra - chen ist so wun - der - schön,
2. Ganz far - ben - froh ist sein Ge - wand,
3. Der Wind, der saust auch wild he - rum,

C F C

wund - der - schön, wun - der - schön. Du kannst ihn dort am
sein Ge - wand, sein Ge - wand. So hat man ihn auch
wild he - rum, wild he - rum. Mein Dra - chen nimmt's ihm

F C F

Him - mel sehn, Him - mel sehn.
gleich er - kannt, gleich er - kannt.
gar nicht krumm, gar nicht krumm.

Bewegungen:

1. **Mein Drachen ist so wunderschön, wunderschön, wunderschön.**
   Du kannst ihn dort am Himmel sehn, Himmel sehn.
   Aus der Hocke heraus Drachen langsam aufsteigen lassen bis zum Stehen, zum Schluss nach oben strecken

2. **Ganz farbenfroh ist sein Gewand, sein Gewand, sein Gewand.**
   So hat man ihn auch gleich erkannt, gleich erkannt.
   Den Drachen leicht hin- und herbewegen, dabei sich einmal um sich selbst drehen

3. **Der Wind, der saust auch wild herum, wild herum, wild herum.**
   Mein Drachen nimmt's ihm gar nicht krumm, gar nicht krumm.
   Mit dem Drachen vor dem Körper eine große liegende Acht fliegen

Singen:
Bunt sind schon die Wälder

Material:

- einige bunte Chiffontücher
- Schwungtuch oder große Decke/Vorhang/Laken

So geht's:

1. Bilden Sie mit den Kindern einen Kreis.
2. Legen Sie das Schwungtuch auf den Boden und legen Sie die bunten Chiffontücher darauf.
3. Heben Sie vorsichtig gemeinsam mit den Kindern das Schwungtuch an. Achten Sie darauf, dass die Chiffontücher nicht hinunterfallen.
4. Das Lied wird eventuell einigen Kindern schon bekannt sein. Singen Sie daher das Lied mit Melodie und Text und bewegen Sie das Schwungtuch, passend dazu, in sanften Bewegungen auf und ab, sodass die Chiffontücher leicht anfangen, zu „tanzen".
5. Eventuell können sich einige Kinder dabei unter das Schwungtuch legen und den Wind spüren.
6. Singen Sie einige Durchgänge. Die Kinder unter dem Schwungtuch können bei jedem Durchgang wechseln.

Bunt sind schon die Wälder

Melodie: Johann Friedrich Reichardt (1752–1814)
Text: 1. Strophe: Johann Gaudenz von Salis-Seewis (1762–1834)
2. Strophe: Claire Reich

G D7 G
1. Bunt sind schon__ die Wäl - der, gelb die Stop - pel -
2. Bun - te Dra - chen flie - gen ü - ber Fel - der und

D7 G D A7 D
fel - der und der Herbst__ be - ginnt.
Wie - sen und der Herbst__ be - ginnt.

G H7 C E7 Am C
Ro - te Blät - ter fal - len, grau - e Ne - bel
Flat - tern dort im Win - de, freut sich je - des

D D7 G D7 G
wal - len, küh - ler weht__ der Wind.
Kin - de, läuft__ hi - naus__ ge - schwind.

Igel im Laub

Entspannungs- und Körperwahrnehmungsübung: **Igelmassage**

Material:
- Igelball (Noppenball) für die Hälfte der Kinder

So geht's:
1. Teilen Sie die Klasse in 2er-Gruppen ein.
2. Verteilen Sie an jede Gruppe einen Igelball.
3. Kind 1 setzt sich entspannt auf einen Stuhl oder legt sich, wenn möglich, auf den Boden und schließt die Augen.
4. Kind 2 massiert Kind 1 mit dem Igelball. Kind 1 spürt nach.
5. Danach wird getauscht.

Atemübung: **Wenn die Igel schlafen**

Material:
- Igelball (Noppenball) für jedes Kind
- Glockenspiel

So geht's:
1. Bilden Sie mit der Klasse einen Sitzkreis.
2. Verteilen Sie einen Igelball an jedes Kind.
3. Erklären Sie folgende Übung:
   „Die Igel schlafen: Alle Kinder halten ihre Igelbälle in ihren Handflächen und atmen laut ein und auf einem langen ‚Schhhh' aus."
4. Spielen Sie einmal von der kleinsten Klangplatte des Glockenspiels zur größten Klangplatte: **„Die Sonne geht unter. Die Igel erwachen und suchen nach Futter. Dabei riechen sie intensiv mit ihrer Nase."**

Die Kinder nehmen ihre Igelbälle und führen sie mit lauten, kurzen Riechgeräuschen an ihrem Körper oder am Körper des Sitznachbarn entlang.

5. Spielen Sie einmal von der größten Klangplatte des Glockenspiels zur kleinsten Klangplatte: **„Die Sonne geht auf. Die Igel schlafen wieder ein."** Alle Kinder halten ihre Igelbälle wieder in ihren Handflächen und atmen erneut laut ein und auf „Schhhh" aus.
6. Führen Sie die Übung einige Male durch. Auch einzelne Kinder können die Sonnensignale auf dem Glockenspiel übernehmen.

Aufwärm- und Lockerungsübung: **Wenn die Igel streunen**

Material:

- Igelball (Noppenball) für jedes Kind
- Glockenspiel
- mehrere große Bettlaken, Decken oder Tücher

So geht's:

1. Diese Übung wird ähnlich wie die vorausgehende Übung durchgeführt.
2. Verteilen Sie einen Igelball an jedes Kind.
3. Alle Kinder verstecken sich mit ihrem Igelball unter den Bettlaken.
4. Die Kinder dürfen unter den Laken lautes Atmen oder Schnarchen hören lassen.
5. Spielen Sie nun einmal von der kleinsten Klangplatte des Glockenspiels zur größten Klangplatte: Die Sonne geht unter, die Igel erwachen.
6. Das Glockenspiel gibt den Kindern das Signal, unter den Decken hervorzukommen und mit ihren Igelbällen durch den Raum zu rollen. Sie können mit einzelnen freien Klängen am Glockenspiel das Rollen begleiten, z. B. zwei nebeneinanderliegende Klangplatten immer im Wechsel spielen.
7. Spielen Sie nach einiger Zeit einmal von der größten Klangplatte des Glockenspiels zur kleinsten Klangplatte: Die Sonne geht auf, die Igel gehen schlafen.
8. Das Glockenspiel gibt den Kindern das Signal, sich mit ihren Igelbällen wieder unter den Laken zu verstecken.
9. Führen Sie die Übung mehrmals durch. Einzelne Kinder können das Spielen des Glockenspiels übernehmen. Geben Sie hier, wenn nötig, Hilfestellung.

Stimmspiel:
Igelstimmspiele

Material:
- Igelball für jedes Kind
- großes Bettlaken, Tuch oder große Decke

So geht's:
1. Bilden Sie einen Sitzkreis um ein großes Bettlaken.
2. Verteilen Sie einen Igelball an jedes Kind.
3. Erzählen Sie folgende Stimmgeschichte und beziehen Sie die angegebenen Stimmaktionen mit ein.
   „Der Igel versteckt sich im Laub. Wenn der Igel sich bewegt, rascheln die Blätter."
   Alle Kinder behalten ihren Igelball in der Hand, aber verstecken ihn unter dem Laken. Ahmen Sie auf „Schhhh" das Rascheln der Blätter mit der Stimme nach.
   „Langsam kommt der Igel aus seinem Laubhaufen heraus und macht sich auf Futtersuche. Unser Igel ist aber kein normaler Igel, sondern ein Singigel. Dieser macht wundersame Geräusche."
   Alle Kinder holen ihre Igelbälle unter dem Laken hervor.
   Rollen Sie nun den Igel an Ihren Armen hoch und runter und begleiten Sie das Rollen passend auf „Huuuu".
   Rollen Sie erneut hoch und runter und begleiten Sie auch diesmal mit passenden Tönen mit Lippenflattern auf „Brrrr" (wie wenn Sie ein Auto nachahmen würden).
   Fragen Sie nun die Kinder nach weiteren Ideen, wie der Igel klingen könnte, und beziehen Sie sie mit ein.
   „Der Igel hat nun Futter gefunden und man hört ihn laut schmatzen."
   Ermuntern Sie die Kinder zu lauten Schmatzgeräuschen.
   „Satt und zufrieden kehrt der Igel zu seinem Laubhaufen zurück."
   Die Kinder verstecken wieder ihre Igelbälle unter dem Laken und erneut wird das Rascheln der Blätter auf „Schhhh" nachgeahmt, um die Übung abzuschließen.

Singen:
Igel in der Höhle

Material:

- großes Bettlaken, Tuch oder große Decke
- Glöckchenstab

So geht's:

1. Bilden Sie mit der Klasse einen Sitzkreis.
2. Erarbeiten Sie das Lied in Abschnitten durch Vor- und Nachsingen.
3. Breiten Sie nun in der Mitte des Kreises das Bettlaken aus.
4. Verteilen Sie den Glöckchenstab an ein Kind.
5. Ein weiteres Kind legt sich als Igel unter das Laken.
6. Singen Sie mit der Klasse die erste Strophe. Das Kind unter dem Laken rollt sich zusammen.
7. In der zweiten Strophe geht das Kind mit dem Glöckchenstab um den Igel herum und lässt dazu die Glöckchen klingen.
8. Der Igel kommt unter seinem Laken hervor, geht einmal im Kreis und sucht sich ein neues Kind aus. Dieses nimmt die Rolle des Igels ein.
9. Wiederholen Sie die Übung einige Male.

Singen:
Wenn sich die Igel küssen

Material:
- Igelball für jedes Kind

So geht's:
1. Bilden Sie einen Sitzkreis.
2. Erarbeiten Sie das Lied durch Vor- und Nachsingen.
3. Nehmen Sie nun einen Igelball her.
4. Singen Sie das Lied und geben Sie den Igelball dazu im Rhythmus im Kreis weiter.
5. Wenn dies gut im Rhythmus klappt, können Sie nach und nach mehrere Bälle durch den Kreis geben.
6. Üben Sie zum Schluss, dass jedes Kind einen Igelball hat und diesen im Rhythmus weitergibt. Bei dieser Variante muss mit der einen Hand der eigene Ball weitergegeben und gleichzeitig mit der anderen der nächste aufgenommen werden.

Wenn sich die Igel küssen

Melodie: Kuhnen, Johannes
Text (OT): Kuhnen, Johannes

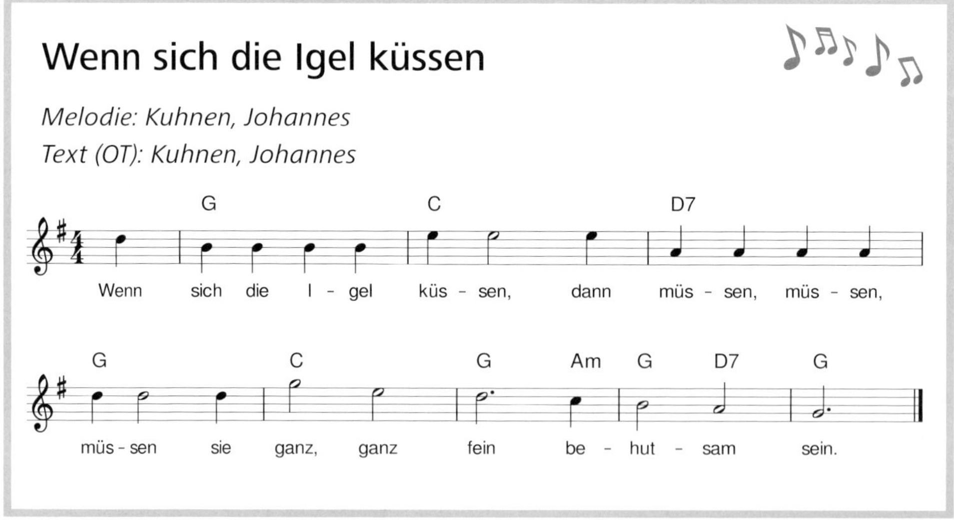

Nüsse

Entspannungs- und Körperwahrnehmungsübung: **Nussentspannung**

Material:

- Fühlsäckchen mit Walnüssen

So geht's:

1. Bilden Sie einen Sitzkreis und geben Sie ein Fühlsäckchen mit Walnüssen herum.
2. Fragen Sie die Klasse, was sich im Säckchen befindet.
3. Lösen Sie auf und geben Sie einige Nüsse ohne das Fühlsäckchen noch einmal im Kreis herum.
4. Stellen Sie mit der Klasse nun selbst Walnüsse dar.
5. Legen Sie sich auf den Rücken, ziehen Sie Arme und Beine Richtung Bauch und legen Sie die Arme um die Knie.
6. Nun rollen sie sanft auf dem Rücken von einer Seite zur anderen.
7. Versuchen Sie auch sanfte, kreisende Bewegungen zur Entspannung des unteren Rückens.
8. Strecken Sie am Schluss alle Gliedmaßen aus und bleiben Sie einen Moment liegen, um nachzuspüren.

Atemübung:
Nüsse vergraben

So geht's:

1. Bilden Sie mit der Klasse einen Sitzkreis. Sie und die Klasse stellen nun Eichhörnchen dar.
2. Lassen Sie mit der Stimme auf „Plopp" in Ihrer Vorstellung Nüsse vom Baum fallen.
3. Graben Sie nun mehrere Löcher imaginär in die Erde mit „Schrrrr".
4. Legen Sie Ihre imaginären Nüsse in die Löcher und verteilen Sie die Erde mit einem kurzen „Tschhhh" wieder darüber.
5. Klopfen Sie die Erde fest auf „Pa".

Aufwärm- und Lockerungsübung:
Nussmassage

Material:

- Walnuss für jedes Kind

So geht's:

1. Bilden Sie einen Stehkreis.
2. Verteilen Sie eine Walnuss an jedes Kind.
3. Beginnen Sie nun, an einzelnen Körperteilen mit der Nuss entlangzurollen.
4. Beginnen Sie mit dem Kopf.
5. Gehen Sie zum Gesicht über und rollen Sie über die Wangen.
6. Rollen Sie über den Hals- und Nackenbereich.
7. Rollen Sie über den Brustbereich.
8. Rollen Sie über einen Arm und dann über den anderen.
9. Rollen Sie über den Bauch.
10. Rollen Sie über die Beine vorn nach unten. Bleiben Sie kurz an den Füßen stehen und rollen Sie dort einige Male bis zu den Zehen und wieder zurück.

Stimmspiel:
Nusssprüche

Material:

- verschiedene Nussarten, 2 Stück einer Sorte für jedes Kind

So geht's:

1. Bilden Sie einen Sitzkreis.
2. Verteilen Sie jeweils zwei Nüsse einer Sorte an jedes Kind.
3. Nehmen Sie zwei Walnüsse in die Hände. Sprechen Sie den Walnuss-Spruch und klopfen Sie dabei die Walnüsse im Sprachrhythmus aneinander:
   „Walnüsse, Walnüsse, große, dicke Walnüsse."
   Nehmen Sie einen Rhythmus, der Ihnen intuitiv in den Sinn kommt.
4. Sprechen Sie den Spruch so einige Male und ermuntern Sie die Klasse, einzusteigen. Sprechen Sie deutlich.
   Legen Sie die Walnüsse weg und nehmen Sie zwei Haselnüsse in die Hände. Erarbeiten Sie den Haselnussspruch:
   „Haselnüsse, Haselnüsse, kleine, feine Haselnüsse."
   Erarbeiten Sie danach den Erdnussspruch auf dieselbe Weise:
   „Erdnüsse, Erdnüsse, krumme, helle Erdnüsse."
5. Nun können Sie zusammen mit den Kindern weitere Nusssprüche erfinden.

Singen:
Ging die Mama Nüsse schütteln

So geht's:

1. Bilden Sie einen Sitzkreis.
2. Sprechen Sie den Text und ermuntern Sie die Kinder, die im Text angegebenen Bewegungen direkt mitzumachen. Patschen Sie beim ersten Durchgang vorerst mit den Händen auf die Knie.
3. Machen Sie einen weiteren Durchgang im Sitzen und nehmen Sie die Melodie hinzu.
4. Stehen Sie nun auf und machen Sie weitere Durchgänge im Stehen. Ermuntern Sie die Kinder, mitzusingen.

Ging die Mama Nüsse schütteln

Text: aus Ostpreußen/Masuren, leicht verändert
Melodie: aus Ostpreußen/Masuren

G D G

1. Ging die Ma - ma Nüs - se schüt-teln, Nüs - se schüt-teln, Nüs - se schüt-teln;
2. Ging der Pa - pa Nüs - se schüt-teln, Nüs - se schüt-teln, Nüs - se schüt-teln;

D G

al - le Kin - der hal - fen rüt - teln, hal - fen rüt - teln, rums. Ging die Ma - ma
al - le Kin - der hal - fen rüt - teln, hal - fen rüt - teln, rums. Ging der Pa - pa

D G

Nüs - se schüt - teln, Nüs - se schüt - teln, Nüs - se schüt - teln; al - le Kin - der
Nüs - se schüt - teln, Nüs - se schüt - teln, Nüs - se schüt - teln; al - le Kin - der

D7 G

hal - fen rüt - teln, hal - fen rüt - teln, rums.
hal - fen rüt - teln, hal - fen rüt - teln, rums.

Bewegungen:

1. **Ging die Mama Nüsse schütteln,**
   Schüttelbewegung mit der rechten Hand
   Nüsse schütteln, Nüsse schütteln,
   Schüttelbewegung mit der linken Hand
   alle Kinder halfen rütteln,
   Schüttelbewegung mit der rechten Hand
   halfen rütteln, rums.
   Mit beiden Händen auf die Oberschenkel patschen

2. **Ging der Papa Nüsse schütteln,**
   Schüttelbewegung mit der rechten Hand
   Nüsse schütteln, Nüsse schütteln.
   Schüttelbewegung mit der linken Hand
   Alle Kinder halfen rütteln,
   Schüttelbewegung mit der rechten Hand
   halfen rütteln, rums!
   Mit beiden Händen auf die Oberschenkel patschen

Singen:
Was raschelt im Baum?

Material:
- 2 Walnüsse für jedes Kind

So geht's:
1. Bilden Sie einen Sitzkreis.
2. Verteilen Sie jeweils zwei Walnüsse an jedes Kind.
3. Sprechen Sie den Text und klopfen Sie die Walnüsse dazu im Rhythmus auf die unterstrichenen Silben aneinander:
   Suse, liebe Suse, was ra-schelt im Baum?
   Die Eichhörnchen, sie sammeln, man sieht sie dort kaum.
   Vergraben die Nüsse, ihr Fell ist braun-rot.
   Im Schnee erleiden sie so nicht Hun-ger und Not.
4. Nehmen Sie nun die Melodie hinzu.
5. Ermuntern Sie die Kinder, beim nächsten Durchgang mitzusingen.
6. Führen Sie weitere Wiederholungen durch.

Was raschelt im Baum?

nach der Melodie von „Suse, liebe Suse, was raschelt im Stroh?"
(Wiegenlied aus dem 17. Jahrhundert)
Text: Claire Reich

Winter

Glocken

Einführung ins Thema

Material:

- Glocken oder Schellen in verschiedenen Größen und Formen

So geht's:

1. Bilden Sie einen Sitzkreis.
2. Zur Einführung in das Thema können Sie einige Glocken oder Schellen in verschiedenen Größen und Formen im Sitzkreis herumgeben. So werden die Kinder auf das Thema eingestimmt.

Entspannungs- und Körperwahrnehmungsübung: **Richtungshören mit Glocke**

Material:

- 2 gut hörbare Glocken (eine mit tiefem und eine mit hohem Klang)

So geht's:

1. Bilden Sie mit der Klasse einen Sitzkreis.
2. Die Kinder schließen die Augen.
3. Gehen Sie mit einer der beiden Glocken leise im Raum umher. Bleiben Sie an einem Platz stehen und läuten Sie die Glocke.
4. Die Kinder zeigen in die Richtung, aus der sie den Klang hören können.
5. Geben Sie mit den Worten „Augen auf" das Zeichen für die Kinder, nachzuprüfen, ob sie richtig lagen.
6. Geben Sie das Zeichen „Augen zu" und wiederholen Sie die Übung.
7. Lassen Sie auch einzelne Kinder das Läuten übernehmen.
8. Erweiterung: Nehmen Sie nun beide Glocken.

9. Läuten Sie nacheinander beide Glocken.
10. Sprechen Sie darüber, welche Glocke hoch und welche tief klingt.
11. Wiederholen Sie nun das Richtungshören. Bleiben Sie an einem Platz stehen und läuten Sie diesmal eine der beiden Glocken.
12. Die Kinder sollen nun mit einer Hand die Richtung anzeigen, aus der der Klang kommt, und mit der anderen Hand, ob der Klang hoch (Hand hochhalten) oder tief (Hand tief halten) ist.
13. Geben Sie auch hier durch das Zeichen „Augen auf" die Möglichkeit, dass die Kinder ihre Vermutung überprüfen können.
14. Es kann sein, dass dies einige Durchläufe an Übung erfordert.

Atemübung:
Glockenatmung

So geht's:

1. Bilden Sie mit der Klasse einen Stehkreis.
2. Stellen Sie Ihre Füße etwas weiter als hüftbreit auf den Boden. Strecken Sie Ihre Arme seitlich etwas vom Körper weg.
3. Beginnen Sie nun mit einer langsamen Wiegebewegung. Ermuntern Sie die Kinder, einzusteigen. Üben Sie die Bewegung so lange, bis sich alle im gleichen Tempo hin- und herbewegen.
4. Beginnen Sie nun, hörbar im Rhythmus der Bewegung ein- und auszuatmen.
5. Probieren Sie verschiedene Tempi aus. Bleiben Sie aber immer einige Zeit in einem Tempo, um diesem nachspüren zu können.

Aufwärm- und Lockerungsübung: **Körperglocke**

So geht's:

1. Bilden Sie einen Stehkreis.
2. Verschiedene Körperteile stellen nun eine Glocke dar.
   - **Kopf:** Bewegen Sie sanft Ihren Kopf hin und her. Vorsicht: Kein Reißen oder Ziehen!
   - **Arme:** Schwingen Sie erst einen Arm sanft neben dem Körper vor und zurück. Der Oberkörper dreht sich dabei leicht mit. Schwingen Sie dann den anderen Arm.
   - **Beine:** Versuchen Sie, sich auszubalancieren, und schwingen Sie dann ein Bein vor und zurück. Wechseln Sie und schwingen Sie das andere Bein.
   - **Oberkörper:** Beugen Sie Ihren Oberkörper Richtung Boden und lassen Sie die Arme entspannt hängen. Die Beine können leicht gebeugt sein. Schwingen Sie den Oberkörper nun sanft von einer Seite auf die andere. Genießen Sie das Gefühl, wie eine Marionette ganz „ausgehängt" zu sein.

Stimmspiel: **Bim Bam**

So geht's:

1. Bilden Sie mit der Klasse einen Sitzkreis.
2. Schwingen Sie mit dem Oberkörper von einer Seite zur anderen.
3. Singen Sie beim Ausatmen abwechselnd „Bimmmm" und „Bammmm" auf selbst gewählten Tönen in einer gesunden Lage. Halten Sie das „m" so lange aus, bis keine Luft mehr vorhanden ist.
4. Suchen Sie gemeinsam mit den Kindern weitere Wörter für Glockenklänge (z. B. „kling", „klang" …) und probieren Sie diese auf die gleiche Weise aus.

Singen:
Kling, Glöckchen, klingelingeling

Material:

- einige Glöckchenstäbe oder ähnliches Instrumentarium

Tipp: In Bastelläden gibt es kleine, lose Glöckchen zu kaufen. Binden Sie diese an eine Wäscheklammer aus Holz. Fertig ist der Glöckchenstab.

So geht's:

1. Bilden Sie einen Sitzkreis.
2. Erarbeiten Sie den Text in Abschnitten durch Vor- und Nachsprechen.
3. Nehmen Sie in Abschnitten die Melodie hinzu.
4. Verteilen Sie die Glöckchenstäbe an einige Kinder.
5. Singen Sie das Lied und begleiten Sie es in gleichmäßigem Rhythmus mit den Glöckchenstäben.
6. Nach einem Durchgang werden die Stäbe an andere Kinder weitergegeben.
7. Wiederholen Sie das Lied einige Male.

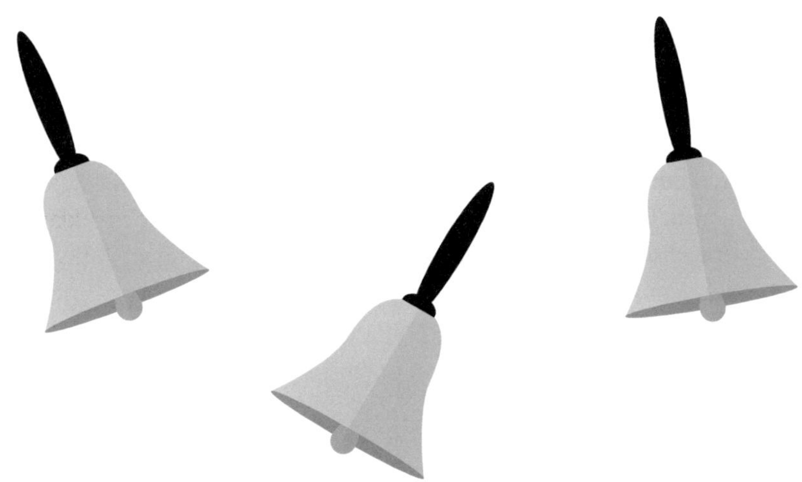

Kling, Glöckchen, klingelingeling

Text: Karl Enslin (1814–1875)
Melodie: vermutlich Benedikt Widmann (1820–1910)

2. Kling, Glöckchen, klingelingeling,
kling, Glöckchen, kling!
Mädchen, hört, und Bübchen,
macht mir auf das Stübchen,
bring euch viele Gaben,
sollt euch dran erlaben.
Kling, Glöckchen, klingelingeling,
kling, Glöckchen, kling!

3. Kling, Glöckchen, klingelingeling,
kling, Glöckchen, kling!
Hell erglühn die Kerzen,
öffnet mir die Herzen,
will drin wohnen fröhlich,
frommes Kind, wie selig.
Kling, Glöckchen, klingelingeling,
kling, Glöckchen, kling!

Singen:
Große Glocken

So geht's:

1. Bilden Sie einen Stehkreis.
2. Singen Sie das Lied direkt und wiegen Sie sich dazu wie eine Glocke hin und her. Ermuntern Sie die Kinder, die Bewegungen direkt mitzumachen.
3. Die Wiegebewegung wird im Laufe des Liedes immer schneller.
4. Führen Sie einige Wiederholungen durch.

Advent/Licht

Entspannungs- und Körperwahrnehmungsübung: **Kerzen-Fantasiereise**

So geht's:

1. Jedes Kind sucht sich einen eigenen Platz im Raum. Alle sollten sich leicht bewegen können, ohne andere anzustoßen.
2. Alle Kinder schließen die Augen.
3. Lesen Sie langsam folgende Fantasiereise vor:
   „Stellt euch vor, ihr seid die Flamme einer Kerze.
   Ein leiser, sanfter Wind bewegt euch hin und her.
   Eure Füße werden ganz warm,
   erst die Fußsohlen und dann die Zehenspitzen.
   Die Wärme breitet sich über eure Fersen bis zu den Beinen aus und eure Knie werden warm.
   In eurem Bauch bildet sich ein orangefarbener Ball, der den ganzen Bauch wärmt und bis zu den Händen strahlt.
   Von den Fingerspitzen wandert die Wärme über eure Arme bis in den Rücken.
   Auch euer Hals, eure Ohren und euer Kopf werden angenehm warm.
   Nun könnt ihr die Wärme in eurem ganzen Körper spüren."
4. Lassen Sie die Kinder noch einen Moment nachspüren.
5. Die Kinder öffnen nun die Augen.
6. Sie können jetzt im Sitzkreis ein Gespräch anregen und erfragen, wie die Kinder die Fantasiereise wahrgenommen haben.

Atemübung:
Teelichtübung

Material:

- Teelicht in einem Glas

So geht's:

1. Bilden Sie mit der Klasse einen Sitzkreis.
2. Geben Sie ein angezündetes Teelicht in einem Glas vorsichtig im Sitzkreis herum.
3. Jedes Kind versucht, sanft gegen die Flamme zu pusten, sodass sie sich bewegt, aber nicht ausgeht. Die Fokussierung und Dosierung der Atemluft wird hier geschult.

Aufwärm- und Lockerungsübung:
Flammentanz

Material:

- belebte Musik, z. B. „Bolero" von Ravel
- Triangel oder Klangschale

So geht's:

1. Die Klasse verteilt sich in 2er-Gruppen im Raum.
2. Alle Kinder stellen gemeinsam ein großes Feuer mit züngelnden Flammen dar.
3. Immer zwei Kinder stellen sich einander gegenüber und fassen sich an den Händen.
4. Spielen Sie eine belebte Musik, z. B. „Bolero" von Ravel.
5. Die Kinder bewegen oder tanzen zur Musik, ohne die Hände loszulassen.
6. Geben Sie mit einer Triangel oder Klangschale ein Zeichen für einen Wechsel. Jedes Kind sucht sich ein neues Partnerkind und führt die Übung bis zum nächsten Zeichen aus.

Stimmspiel:
Gedicht „Das Feuer" (James Krüss)

So geht's:

1. Bilden Sie mit der Klasse einen Sitzkreis.
2. Sprechen Sie die erste Strophe des Gedichts „Das Feuer" von James Krüss. Dazwischen wird die jeweilige Zeile mit Stimmgeräuschen dargestellt:
   1. Zeile: *Flüstern mit stimmlosem „Sssss"*
   2. Zeile: *Krach- und Knackgeräusche auf „krrrr", „k", „krrk", krach"*
   3. Zeile: *Lautes Rauschen auf „Schhhh"*
   4. Zeile: *Brodeln und Brausen auf „Brrrr" und „Tzzzz", spielen mit laut und leise*

Das Feuer

James Krüss

Hörst du, wie die Flammen flüstern,
Knicken, knacken, krachen, knistern,
Wie das Feuer rauscht und saust,
Brodelt, brutzelt, brennt und braust?

Krüss, James: Der wohltemperierte Leierkasten, Random House, 2013, S. 30

Singen:
Wir sagen euch an den lieben Advent

Material:
- gelbes Chiffontuch für jedes Kind

So geht's:

1. Erarbeiten Sie jeweils eine Strophe des Liedes in einer der vier Adventswochen durch Vor- und Nachsingen.
2. Zusätzlich können Sie folgenden Tanz ausführen:
   - Bilden Sie einen Stehkreis. Verteilen Sie ein Chiffontuch an jedes Kind. Die Chiffontücher werden zu einer Kugel geformt und zwischen beiden Handflächen getragen.
   - **Zeile 1 und 2**: Alle laufen hintereinander im Kreis und tragen das Chiffontuch vor sich zwischen den Handflächen.
   - **Zeile 3**: Alle gehen in die Kreismitte und legen das Chiffontuch in der Mitte am Boden ab.
   - **Zeile 4**: Alle gehen aus der Kreismitte zurück in Ausgangsposition.
   - **Zeile 5 und 6**: Alle nehmen sich an den Händen und schwenken diese vor und zurück.

Wir sagen euch an den lieben Advent

Melodie: Rohr, Heinrich
Text (OT): Ferschl, Maria
© Verlag Herder, Freiburg

2. Wir sagen euch an den lieben Advent.
Sehet, die zweite Kerze brennt.
So nehmet euch eins um das andere an,
wie auch der Herr an uns getan.
Freut euch, ihr Christen, freuet euch sehr!
Schon ist nahe der Herr.

3. Wir sagen euch an den lieben Advent.
Sehet, die dritte Kerze brennt.
Nun tragt eurer Güte hellen Schein
weit in die dunkle Welt hinein.
Freut euch, ihr Christen, freuet euch sehr!
Schon ist nahe der Herr.

4. Wir sagen euch an den lieben Advent.
Sehet, die vierte Kerze brennt.
Gott selber wird kommen, er zögert nicht.
Auf, auf, ihr Herzen, werdet licht.
Freut euch, ihr Christen, freuet euch sehr!
Schon ist nahe der Herr.

Singen:
Kleine Kerze

Material:
- Teelicht in einem Glas

So geht's:
1. Bilden Sie einen Sitzkreis.
2. Erarbeiten Sie den Text direkt mit Melodie durch Vor- und Nachsingen.
3. Singen Sie das Lied und geben Sie dabei das Teelicht vorsichtig im Kreis herum.

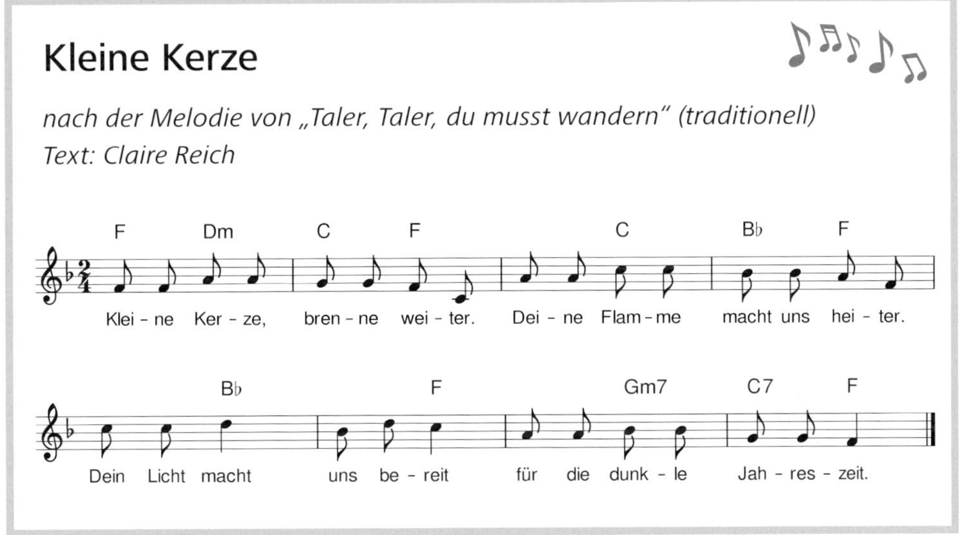

Schnee

Entspannungs- und Körperwahrnehmungsübung: **Schneeflocken im Winterwald**

Material:

- Wattebälle
- Klangschale oder leise Musik

So geht's:

1. Teilen Sie die Klasse in zwei Gruppen ein.
2. Die Kinder der ersten Gruppe stellen Bäume in einem Winterwald dar. Sie verteilen sich im Klassenraum und schließen die Augen.
3. Die Kinder stellen sich vor, dass die Füße wie die Wurzeln eines Baumes fest im Boden verankert sind.
4. Die Kinder der zweiten Gruppe zupfen Wattebälle in kleine Flocken und heften diese an die Kleidung der Kinder der Baumgruppe.
5. Diese spüren den Schneeflocken nach.
6. Spielen Sie auf einer Klangschale oder ähnlichem Instrument sanfte Klänge oder spielen Sie eine passende Musik ab.
7. Drehen Sie die Musik nach einiger Zeit leiser oder pausieren Sie Ihr Spiel. Die Baumkinder dürfen die Schneeflocken von ihrer Kleidung abschütteln.
8. Jetzt werden die Gruppen getauscht und die Übung wird erneut durchgeführt.

Atemübung:
Schneeflocken wegpusten

Material:
- Watteball für jedes Kind

So geht's:
1. Verteilen Sie einen Watteball an jedes Kind.
2. Legen Sie den Watteball auf Ihren Handrücken.
3. Atmen Sie tief ein und pusten Sie den Watteball auf „Fffff" von Ihrem Handrücken hinunter.
4. Sammeln Sie den Watteball auf und wiederholen Sie die Übung mit einem anderen Körperteil (Handfläche, andere Hand, Arme, Schultern etc.).

Atemübung:
Schneeflocken-Wettspiel

Material:
- 2 Wattebälle
- evtl. Kreppband

So geht's:
1. Die Kinder stellen sich in zwei Reihen im Klassenraum auf.
2. Am Ende der Reihen wird eine Ziellinie festgelegt, z. B. durch einen Tisch oder eine Linie aus Kreppband am Boden.
3. Geben Sie den beiden Kindern am Anfang der Reihen je einen Watteball.
4. Geben Sie ein Startsignal.
5. Das erste Kind der Reihe legt den Watteball auf seine Handfläche und legt diese auf die Handfläche des zweiten Kindes der Reihe.
6. Durch vorsichtiges Pusten wird der Watteball weitergegeben.
7. Sobald der Watteball auf der Handfläche des zweiten Kindes gelandet ist, dreht sich dieses um und wiederholt den Vorgang beim nächsten Kind etc.
8. Das letzte Kind der Reihe pustet den Watteball über die Ziellinie.
9. Die Reihe, die als erste ihren Watteball über die Ziellinie befördert, gewinnt das Spiel.

Aufwärm- und Lockerungsübung: **Schneeflocken balancieren**

Material:

- Watteball für jedes Kind

So geht's:

1. Verteilen Sie einen Watteball an jedes Kind.
2. Sagen Sie nun nacheinander verschiedene Körperteile an, auf denen der Watteball balanciert wird, z. B. Kopf, Schulter, Fuß, Finger, Nase etc. Das Balancieren wird auf einem selbst gewählten Ton auf „Mmmmm" begleitet.
3. Sobald der Watteball herunterfällt, kann ein neuer Summton gewählt werden.
4. Beziehen Sie auch die Ideen der Kinder mit ein.

Stimmspiel: **Schneeballschlacht**

Material:

- Wattebälle für die Hälfte der Klasse

So geht's:

1. Teilen Sie die Klasse in 2er-Gruppen ein.
2. Verteilen Sie einen Watteball an jede 2er-Gruppe.
3. Kind A wirft den Watteball so weit wie möglich und begleitet den Wurf mit der Stimme auf „Hui". Kind B signalisiert den Aufprall mit einem lauten „Patsch".
4. Der Vorgang wird einige Male wiederholt, dann werden die Rollen getauscht.

Stimmspiel:
Schneeflocken fallen

So geht's:

1. Bilden Sie mit der Klasse einen Stehkreis.
2. Stellen Sie fallende Schneeflocken dar, indem Sie mit den Fingerspitzen auf unterschiedliche Körperteile vom Kopf abwärts tippen.
3. Sprechen Sie dabei folgenden Vers rhythmisch dazu. Wählen Sie hier einen eigenen Rhythmus.
   „Schneeflocken fallen, Schneeflocken fallen, Schneeflocken fallen, überall!"
   Durch das Klopfen und die Konsonanten in den Wörtern werden Körper und Stimme sanft aktiviert. Lassen Sie sich daher etwas Zeit für die einzelnen Stationen.
   Anregungen für Klopfstationen:
   - Kopf, Stirn, Schläfen, Wangenknochen, Nase, Nasenrücken, Kinn, Ohren
   - Schlüsselbein, Schultern, Arme, Hände
   - Bauch, Rücken
   - Beine, Füße

Singen:
Schneeflöckchen, Weißröckchen

Material:

- einige Wattebälle
- weißes Bettlaken/weiße Fleecedecke/durchsichtiger Vorhang o. Ä., evtl. mehrere

So geht's:

1. Am besten eignet sich für die Übung ein heller, durchsichtiger Vorhang. Sie können aber auch ein weißes Bettlaken o. Ä. verwenden.
2. Legen Sie den Vorhang auf dem Boden aus.
3. Verteilen Sie gemeinsam mit den Kindern einige Wattebälle auf dem Vorhang.
4. Stellen Sie sich gemeinsam mit den Kindern um den Vorhang.
5. Heben Sie den Vorhang gemeinsam mit den Kindern vorsichtig an, sodass die Wattebälle nicht hinunterfallen.

6. Stimmen Sie das Lied „Schneeflöckchen, Weißröckchen“ an und versetzen Sie den Vorhang dazu leicht in Schwingung. Achten Sie darauf, dass die Wattebälle tanzen, aber möglichst nicht hinunterfallen.
7. Sie können die Klasse auch in mehrere Gruppen aufteilen und jeder Gruppe einen eigenen Vorhang oder eine Decke geben.

Schneeflöckchen, Weißröckchen

Text: nach Hedwig Haberkorn (1838–1902)
Melodie: traditionell

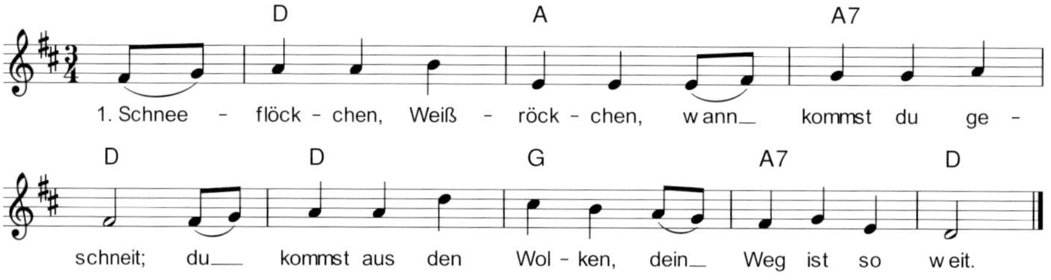

D A A7

1. Schnee - flöck - chen, Weiß - röck - chen, wann_ kommst du ge -

D D G A7 D

schneit; du_ kommst aus den Wol - ken, dein_ Weg ist so weit.

2. Komm, setz dich ans Fenster,
du lieblicher Stern;
malst Blumen und Blätter,
wir haben dich gern.

3. Schneeflöckchen, du deckst uns
die Blümelein zu,
dann schlafen sie sicher
in himmlischer Ruh.

4. Schneeflöckchen, Weißröckchen,
komm zu uns ins Tal,
dann baun wir den Schneemann
und werfen den Ball.

Singen:
Leise rieselt der Schnee

So geht's:

1. Teilen Sie die Klasse in 2er-Gruppen ein.
2. Kind A legt sich, falls möglich, auf den Boden oder setzt sich entspannt auf einen Stuhl. Kind B setzt sich neben Kind A oder stellt sich dahinter.
3. Sprechen Sie den Text der ersten Strophe langsam Satz für Satz und machen Sie Pausen zwischen den Sätzen. Zeigen Sie die angegebenen Bewegungsideen deutlich vor und ermuntern Sie die Kinder zum Kopieren Ihrer Bewegungen.
4. Nach dem Durchgang der ersten Strophe tauschen die Kinder die Rollen.
5. Singen Sie nun die erste Strophe und ermuntern Sie die Kinder zum Mitsingen. Begleiten Sie erneut mit den angegebenen Bewegungsideen.
6. Nach einem Durchgang werden erneut die Rollen getauscht.
7. Erarbeiten Sie die zweite Strophe auf die gleiche Weise.

Leise rieselt der Schnee

Text: traditionell
Melodie: Eduard Ebel (1839–1905)

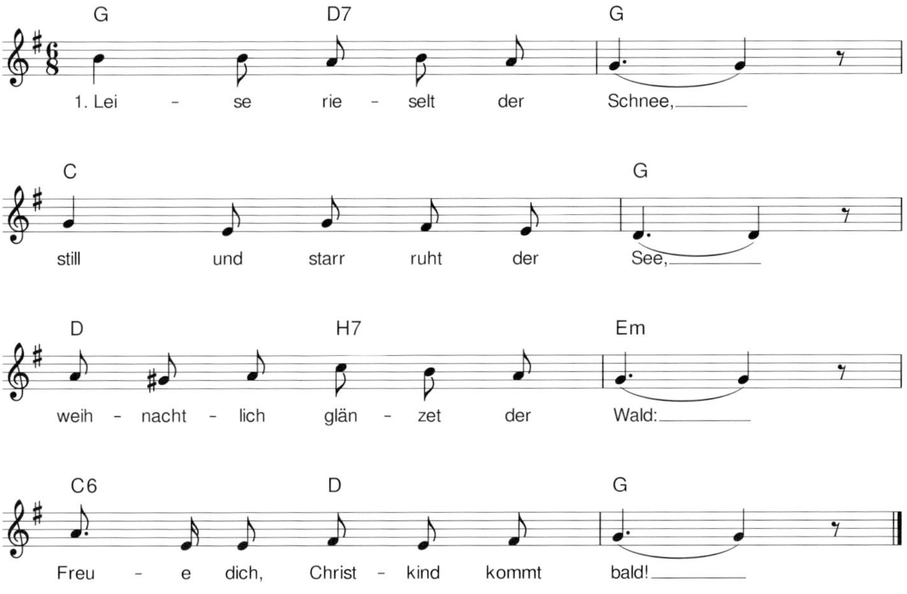

G D7 G
1. Lei - se rie - selt der Schnee,

C G
still und starr ruht der See,

D H7 Em
weih - nacht - lich glän - zet der Wald:

C6 D G
Freu - e dich, Christ - kind kommt bald!

Bewegungen:

1. **Leise rieselt der Schnee,**
   Mit allen Fingerspitzen sanft in schnellen Bewegungen auf den Rücken tippen
   still und starr ruht der See,
   Mit den Handflächen in kreisenden Bewegungen über den Rücken streichen
   weihnachtlich glänzet der Wald:
   Mit dem Zeigefinger kurz und leicht auf den Rücken tupfen
   Freue dich, Christkind kommt bald!
   Die Hände auf dem Rücken schnell hin- und herbewegen und bei dem Wort „bald" zur Ruhe kommen und sanften Druck ausüben

2. **In den Herzen wird's warm,**
   Mit den Händen den Rücken sanft warm reiben
   still schweigt Kummer und Harm,
   Die Hände still auf den Rücken legen
   Sorge des Lebens verhallt:
   Aus einem Mittelpunkt mit dem Zeigefinger eine Schnecke auf den Rücken malen
   Freue dich, Christkind kommt bald!
   Die Hände auf dem Rücken schnell hin- und herbewegen und bei dem Wort „bald" zur Ruhe kommen und sanften Druck ausüben

Extrathemen

Gespenster

Entspannungs- und Körperwahrnehmungsübung: **Im Geisterschloss**

Material:

- weiße Chiffontücher für die Hälfte der Klasse

So geht's:

1. Teilen Sie die Klasse in 2er-Gruppen ein.
2. Kind A setzt sich mit angewinkelten Beinen an einen selbst gewählten Platz im Klassenraum und stellt das Geisterschloss dar. Für eine entspannte Haltung können die Arme auf den Knien abgestützt und der Kopf in die Hände gelegt werden. Diese Pose erinnert auch an die Turmspitze eines Schlosses.
3. Kind B bekommt ein weißes Chiffontuch.
4. Kind A schließt die Augen, Kind B streicht mit dem Chiffontuch über Kopf, Rücken, Schultern, Füße etc. von Kind A.
5. Kind A spürt nach, wo sich das Gespenst (Tuch) gerade befindet.
6. Nach einiger Zeit werden die Rollen getauscht.

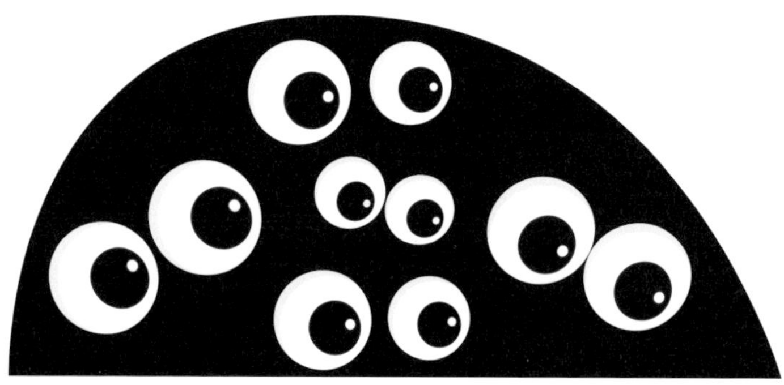

Atemübung:
Schwebende Gespenster

Material:

- weißes Chiffontuch für jedes Kind

So geht's:

1. Verteilen Sie weiße Chiffontücher an jedes Kind.
2. Heben Sie das Chiffontuch in die Luft und atmen Sie dabei tief und hörbar ein.
3. Lassen Sie das Chiffontuch los. Begleiten Sie das Herabschweben des Tuches auf „Schhhh" mit der Stimme.
4. Wiederholen Sie die Übung einige Male.

Aufwärm- und Lockerungsübung:
Ketten rasseln

So geht's:

1. Bilden Sie mit der Klasse einen Stehkreis. Die Kinder sollten genug Platz haben, um sich bewegen zu können.
2. Stellen Sie sich vor, Sie hätten Ketten in der Hand.
3. Schütteln Sie einen Arm und begleiten Sie das Schütteln auf „Drrrr" mit der Stimme. Ermuntern Sie die Kinder, es Ihnen gleichzutun.
4. Schütteln Sie nun den anderen Arm und im Anschluss nacheinander beide Beine auf die gleiche Weise.
5. Zum Schluss wird der ganze Körper mit „Drrrr" gelockert.

Stimmspiel:
Geister fliegen aus dem Schloss

So geht's:

1. Bilden Sie mit der Klasse einen Stehkreis. Die Kinder sollten genug Platz haben, um sich bewegen zu können.
2. Stellen Sie sich vor, Sie hätten ein Schloss vor sich. Aus diesem Schloss fliegen Gespenster aus dem Dach oder aus dem Keller auf Ihre Hand, verweilen kurz und verschwinden wieder.
3. Halten Sie hierzu Ihre Hand in Kopfhöhe in die Luft und lassen Sie sie von einem hohen Ton auf „Huuuu" hinab bis auf Höhe des Bauchnabels gleiten. Halten Sie dort einen beliebigen Ton. Die Handfläche bleibt dabei ausgestreckt, als würde das Gespenst über der Handfläche fliegen.
4. Führen Sie auf einem kurzen „Ua" den Ton nach unten und machen Sie mit der Hand eine wegwerfende Geste.
5. Kommt das Gespenst aus dem Keller herangeflogen, wird die Aktion auf die gleiche Weise ausgeführt, nur mit dem Unterschied, dass auf einem tiefen Ton gestartet und dieser nach oben geführt wird.

Singen:
Es gruseln die Gespenster heut

Material:

- evtl. Schellenstab oder -kranz oder kleines Becken
- evtl. Küchenuntensilien, z. B. Schüsseln, Schneebesen, Löffel etc.

So geht's:

1. Bilden Sie mit der Klasse einen Stehkreis.
2. Üben Sie vorerst die Bewegungen nur mit den Händen am Platz im Kreis. Ermutigen Sie die Kinder, die Bewegungen direkt mitzumachen.
3. Singen Sie den ersten Absatz des Liedes und lassen Sie dabei Ihre Hände durch die Luft schweben. Landen Sie beim letzten Wort „herum" mit Ihren Händen auf den Knien.
4. Singen Sie das Lied weiter und lassen Sie Ihre Hände, wie oben beschrieben, vor Ihrem Körper von links nach rechts schweben.
5. Schütteln Sie die Hände, wie oben beschrieben, im Grundpuls.

6. Lassen Sie die Hände erneut durch die Luft schweben und landen Sie auf den Knien.
7. Jedes Kind prägt sich seine Kreisnachbar*innen genau ein, bevor alle gemeinsam das Lied mit den Bewegungen singen.

Es gruseln die Gespenster heut

nach der Melodie von „Es tanzt ein Bi-Ba-Butzemann"
(Wenzel Müller, 1767–1835)
Text: Claire Reich

G D G Em Am D7 G D7
Es gru-seln die Ge - spens-ter heut in un - serm Schloss he - rum, di-del dum. Es

G D G Em Am D7 G
gru - seln die Ge - spens - ter heut in un - serm Schloss he - rum. Sie

D7 G D7 G
flie - gen hin, sie flie - gen her, die Ket - ten ras - seln laut und schwer. Es

G D Hm Em Am7 D7 G
gru - seln die Ge - spens - ter heut in un - serm Schloss he - rum.

Bewegungen:

Es gruseln die Gespenster heut in unserm Schloss herum, dideldum.
Es gruseln die Gespenster heut in unserm Schloss herum.
Wie Gespenster durcheinander im Raum umherschweben; beim letzten Wort „herum" wieder auf dem Platz im Kreis landen

Sie fliegen hin, sie fliegen her,
Die Hände in schwebenden Bewegungen vor dem Oberkörper nach links und rechts führen

die Ketten rasseln laut und schwer.
Hände schließen wie beim Halten eines Schellenstabs; Hände im Grundpuls schütteln
Ggf. später mit einigen Instrumenten begleiten, z. B. Schellenstab, Schellenkranz, kleines Becken oder Küchenutensilien, wie Schüsseln, Schneebesen, Löffel etc.

Es gruseln die Gespenster heut in unserm Schloss herum.
Im Raum umherschweben; zum Schluss auf dem Platz im Kreis landen

Singen:
Wenn die Turmuhr schlägt

So geht's:

1. Bilden Sie einen Sitzkreis
2. Erarbeiten Sie zunächst den Text des Liedes über Vor- und Nachsprechen in Absätzen.
3. Singen Sie nun den Text auf die Melodie von „Bruder Jakob". Einige Kinder kennen die Melodie eventuell schon und können sie mitsingen. Singen Sie erst die erste Strophe einige Male, bis die Kinder sie sicher mitsingen können. Dann erarbeiten Sie die zweite Strophe auf die gleiche Weise.
4. Bewegungsspiel: Jedes Kind sucht sich ein „Versteck" im Raum.
5. Stimmen Sie das Lied an. Alle Gespenster kommen langsam aus ihren Verstecken und sammeln sich in einem Stehkreis. Nach der ersten Strophe kann eine freie Geräuschimprovisation mit Gespensterklängen erfolgen.
6. Im Kreis wird die zweite Strophe gesungen. Bei „schlafen die Gespenster" werden beide Hände als schlafende Geste aufeinander an die Wange gelegt.

Wenn die Turmuhr schlägt

nach der Melodie von „Bruder Jakob" (aus Frankreich)
Text: Claire Reich

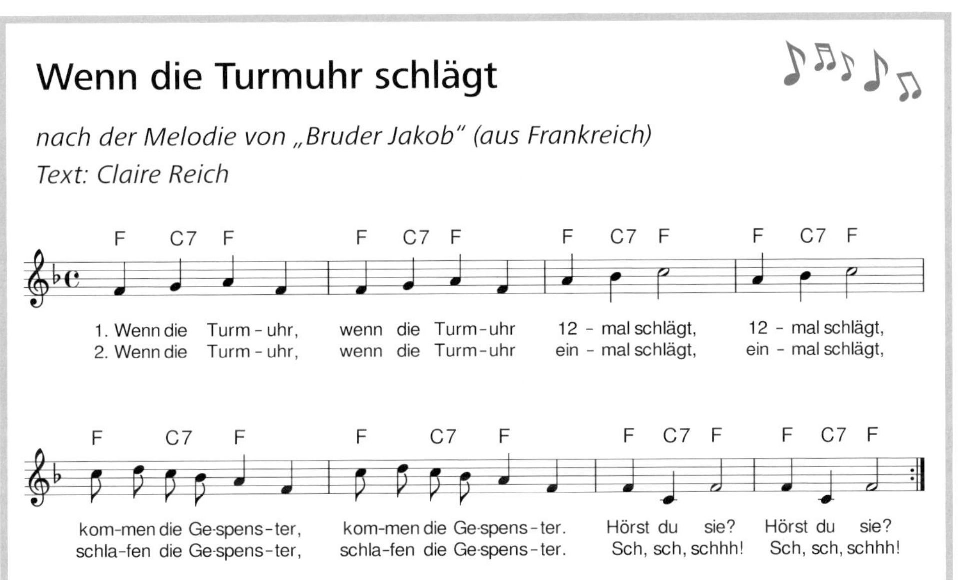

Pirat*innen

Entspannungs- und Körperwahrnehmungsübung: **Piratenschiff und Wellen**

Material:
- große, blaue Decke oder blaues Tuch
- Entspannungsmusik

So geht's:
1. Die Decke stellt das Meer dar und wird auf dem Boden ausgebreitet. Ein Kind legt sich als „Piratenschiff" in die Mitte auf den Rücken.
2. Die anderen Kinder stellen sich um die Decke herum.
3. Nehmen Sie gemeinsam mit den Kindern die Decke an den Rändern nun sanft nach oben, sodass Arme und Beine des Kindes leicht nach oben gehoben werden. Der Rücken sollte weiterhin auf dem Boden aufliegen. Wiegen Sie gemeinsam mit den anderen Kindern das Kind in der Mitte sanft hin und her.
4. Spielen Sie dazu entspannende Musik ab.
5. Legen Sie nach einiger Zeit die Decke vorsichtig wieder ab und ein anderes Kind darf den Platz in der Mitte einnehmen.
6. Wiederholen Sie die Übung.

Atemübung:
Klänge des Meeres

Material:
- große, blaue Decke oder blaues Tuch (ggf. mehrere)

So geht's:
1. Bilden Sie mit der Klasse einen Sitzkreis.
2. Nehmen Sie die Decke in die Mitte. Jedes Kind sollte mit beiden Händen ein Stück der Decke halten. Die Decke sollte locker liegen. Sie können auch mehrere kleine Sitzkreise bilden und mehrere Decken/Tücher verteilen.
3. Schwingen Sie nun das Tuch sanft auf und ab. Koppeln Sie das Hochschwingen des Tuches mit Ihrer Einatmung und begleiten Sie das Hinabgleiten des Tuches stimmlich auf „Schhhh". Dies stellt die Meereswellen dar.
4. Wiederholen Sie die Übung einige Male.
5. Wiederholen Sie nun die Übung und stellen Sie mit „Fffff" den Wind dar, der durch die Segel des Piratenschiffes bläst.
6. Wiederholen Sie auch diese Übung einige Male.
7. Beziehen Sie nun Ideen der Kinder mit ein. Fragen Sie, welche Geräusche auf dem Meer noch zu hören sein könnten (z. B. Walgesänge: „Wuaaaa", Möwen: krächzendes „Aaaaa").

Aufwärm- und Lockerungsübung:
Schiffsputz

Material:
- belebte Musik, z. B. „Take Five" von Dave Brubeck

So geht's:
1. Es ist Putztag auf dem Piratenschiff.
2. Spielen Sie eine belebte Musik ab, z. B. „Take Five" (Dave Brubeck). Im Rhythmus der Musik werden nun mit imaginären Besen, Schrubbern und Schwämmen sämtliche Ecken des Schiffs (Klassenraum) gesäubert. Geben Sie hier Anregungen für Bewegungen: Boden mit Besen fegen, Fenster putzen, Flächen schrubben etc.

Stimmspiel:
Auf dem Piratenschiff

So geht's:

1. Bilden Sie mit der Klasse einen Sitzkreis.
2. Geben Sie den Kindern mithilfe einer Geschichte eine Vorstellung der Piratenschiffszenerie, z. B.:
   „Wir befinden uns auf einem Piratenschiff. Der Wind bläst gegen die Segel und die Wellen peitschen gegen das Schiff."
3. **„Wir müssen die Piratenflagge hissen!"**
   Machen Sie mit den Händen abwechselnd eine Bewegung, als würden Sie an einem Seil ziehen. Begleiten Sie die Bewegung stimmlich auf einem kurzen „Ff". Lassen Sie nun die Piratenflagge aufsteigen, indem sie mit dem Zeigefinger von unten nach oben zeigen. Begleiten Sie die Bewegung auf „Sssss".
4. **„Fässer rollen im Schiffsbauch hin und her."**
   Schwingen Sie beide Hände vor Ihrem Körper hin und her. Begleiten Sie die Bewegung mit „Rrrrr".
5. **„Nach dem Putzen stärken sich die Piratinnen und Piraten mit Essen und Trinken."** Reiben Sie sich den Bauch auf „Mmmmm". Spielen Sie hier mit unterschiedlichen Tonhöhen. Fragen Sie die Kinder nach Speisen. Verzehren Sie nun die imaginären Speisen mit „Jamm". Trinken Sie ein imaginäres Getränk mit dem Wort „Gluck".
6. **„Nach dem Essen erzählen sich die Piratinnen und Piraten lustige Witze."**
   Lachen Sie laut auf „Ha, ha, ha!", „Ho, ho, ho!", „Hu, hu, hu!", „Hi, hi, hi!", „He, he, he!".
7. Überlegen Sie gemeinsam mit den Kindern, was die Pirat*innen noch auf ihrem Schiff erleben, und erproben Sie weitere Stimmspiele.

Singen:
Hey, ihr Piraten

So geht's:

1. Bilden Sie einen Sitzkreis.
2. Erarbeiten Sie den Text direkt mit der Melodie strophenweise durch Vor- und Nachsingen.
3. Überlegen Sie sich gemeinsam mit den Kindern passende Bewegungen zu den einzelnen Strophen (z. B. ziehende Bewegung, Schwenkbewegung mit einer Hand, Hand an die Stirn legen und Ausschau halten etc.). Begleiten Sie den Refrain durch rhythmisches Klatschen.
4. Stellen Sie sich in einen Kreis. Singen Sie das Lied und nehmen Sie die Bewegungen dazu.

Hey, ihr Piraten

nach der Melodie von „What shall we do with a drunken sailor" (englisches Shanty)
Text: Claire Reich

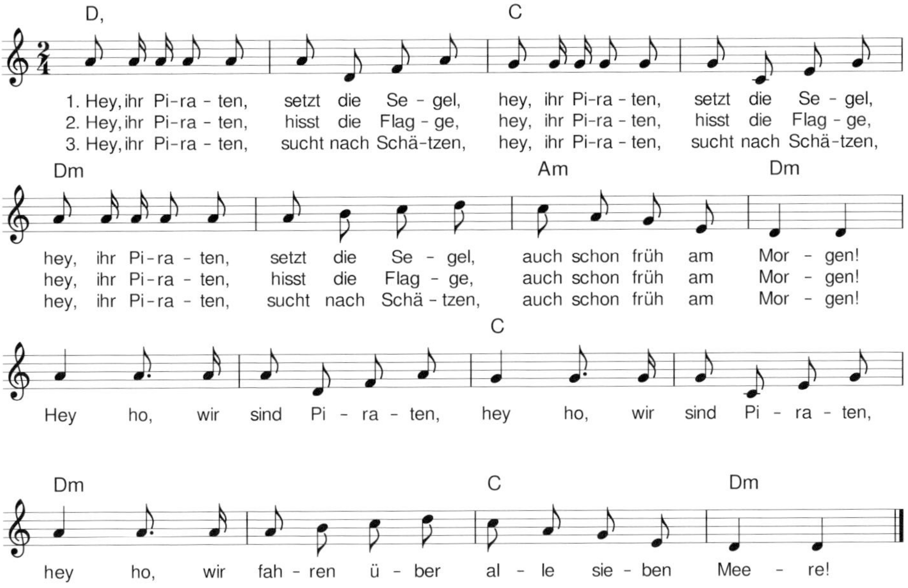

D, C

1. Hey, ihr Pi-ra - ten, setzt die Se - gel, hey, ihr Pi-ra - ten, setzt die Se - gel,
2. Hey, ihr Pi-ra - ten, hisst die Flag - ge, hey, ihr Pi-ra - ten, hisst die Flag - ge,
3. Hey, ihr Pi-ra - ten, sucht nach Schä-tzen, hey, ihr Pi-ra - ten, sucht nach Schä-tzen,

Dm Am Dm

hey, ihr Pi-ra - ten, setzt die Se - gel, auch schon früh am Mor - gen!
hey, ihr Pi-ra - ten, hisst die Flag - ge, auch schon früh am Mor - gen!
hey, ihr Pi-ra - ten, sucht nach Schä - tzen, auch schon früh am Mor - gen!

C

Hey ho, wir sind Pi - ra - ten, hey ho, wir sind Pi - ra - ten,

Dm C Dm

hey ho, wir fah - ren ü - ber al - le sie - ben Mee - re!

Singen:
Wir Piraten sind überall bekannt

So geht's:

1. Bilden Sie einen Sitzkreis.
2. Erarbeiten Sie erst den Text in Abschnitten durch Vor- und Nachsprechen.
3. Nehmen Sie nun die Melodie hinzu und erarbeiten Sie das Lied erneut in Abschnitten durch Vor- und Nachsingen.
4. Üben Sie nun den Rhythmus: 2-mal Patschen auf die Knie, einmal in die Hände klatschen (wie beim Song „We will rock you").
5. Begleiten Sie das Lied mit diesem Rhythmus. Gehen Sie nur bei „glaub es mir" kurz aus dem Begleitrhythmus heraus und klatschen Sie an dieser Stelle 3-mal in die Hände. Gehen Sie dann zum Begleitrhythmus zurück.
6. Im Gitarrensolo können die Kinder Luftgitarre spielen.

Tipp: Ein Playback oder eine Karaokeversion des Liedes kann hilfreich sein.

Wir Piraten sind überall bekannt

nach der Melodie von „I love Rock 'n' Roll" (Joan Jett)
Text: Claire Reich

1. Wir sind Piraten und fahren übers Meer.
   Wir mögen das Piratenleben sehr.
   Die Säbel klappern laut, bevor uns jemand haut,
   haben wir das Schiff geklaut! Haben wir, ja, wir,
   haben wir das Schiff geklaut! Und wir singen jetzt, ja, jetzt, singen:

   Refrain:
   Wir Piraten sind
   überall bekannt auf den sieben Meeren.
   Wir Piraten sind
   überall gefürchtet, glaub es mir!

2. Die Augenklappe haben wir im Gesicht.
Und unser Holzbein, ja, das stört uns nicht.
Wir klettern auf den Mast und machen niemals Rast.
Und suchen einen Schatz! Suchen hier, suchen dort,
wir suchen einen Schatz! Suchen hier, suchen dort und singen:

Refrain:
Wir Piraten sind
überall bekannt auf den sieben Meeren.
Wir Piraten sind
überall gefürchtet, glaub es mir!

Gitarrensolo

Bridge:
Wir klettern auf den Mast und machen niemals Rast!
Und suchen einen Schatz! Suchen hier, suchen dort,
wir suchen einen Schatz! Suchen hier, suchen dort und singen:

Refrain:
Wir Piraten sind
überall bekannt auf den sieben Meeren.
Wir Piraten sind
überall gefürchtet, glaub es mir!

Medientipps

Steurich, Christina:
20 x Musik für 45 Minuten – Klasse 1/2.
Verlag an der Ruhr, 2013.
ISBN 978-3-8346-2318-8

Steurich, Christina:
20 x Musik für 45 Minuten – Klasse 3/4.
Verlag an der Ruhr, 2012.
ISBN 978-3-8346-0962-5

Strobl, Monika:
30 Stimmbildungsgeschichten zum Nach- und Mitmachen.
Verlag an der Ruhr, 2014.
ISBN 978-3-8346-2505-2

Tieste, Kerstin:
20 x traditionelle Kinderlieder für 45 Minuten.
Verlag an der Ruhr, 2020.
ISBN 978-3-8346-4274-5

Trüün, Friedhilde:
Sing Sang Song: Stimmbildung für 4-8jährige Kinder in 10 Geschichten.
Carus Verlag, 2002.
ISBN 978-3-9230-5397-1